特别鸣谢 芙蓉王 对本书的鼎力支持

让企业有思想 III

中国企业家论坛 ◎ 编著

知识产权出版社
全国百佳图书出版单位

内容提要

　　本书是《让企业有思想》系列书籍之三，书中集聚了13位中国企业家对企业、社会、经济发展的感悟和认知。这13位企业家活跃于制造、投融资、互联网等各行各业，他们是中国改革开放、市场经济发展、进步的见证者与参与者。他们既颇具理论知识，又是天生的实践派；他们的观点与思想对于后来者以及有志于中国经济和社会进步的各类人士不无裨益。

责任编辑：陈晶晶

图书在版编目（CIP）数据

　　让企业有思想Ⅲ/中国企业家论坛编著. —北京：
知识产权出版社，2012.10
　　ISBN 978 - 7 - 5130 - 1549 - 3

　　Ⅰ.①让… Ⅱ.①中… Ⅲ.①企业管理—经验—中国 Ⅳ.①F279.23

中国版本图书馆 CIP 数据核字（2012）第 224898 号

让企业有思想Ⅲ

RANG QIYE YOU SIXIANG Ⅲ

中国企业家论坛　编著

出版发行：知识产权出版社

社　　址：北京市海淀区马甸南村 1 号	邮　　编：100088
网　　址：http：//www.ipph.cn	邮　　箱：bjb@ cnipr.com
发行电话：010-82000860 转 8101/8102	传　　真：010-82005070/82000893
责编电话：010-82000860 转 8391	责编邮箱：shiny - chjj@ 163.com
印　　刷：知识产权出版社电子制印中心	经　　销：新华书店及相关销售网点
开　　本：787mm×1092mm　1/16	印　　张：12.25
版　　次：2012 年 10 月第 1 版	印　　次：2012 年 10 月第 1 次印刷
字　　数：163 千字	定　　价：35.00 元

ISBN 978-7-5130-1549-3/F·559（4398）

序言

坚持与转型：推动进步的力量

　　《亚布力观点》杂志汇聚了一些关于知名企业家的长篇采访，现在结集出版，使更多的朋友们有机会分享到他们的成功经验与人生感悟，看到他们难得开放的心底世界，知晓他们孕育多年的万丈雄心。这些精炼表达的深邃思想是一种不可多得的宝贵精神财富。在通读这些文章的过程中，我如同看电影般地受到剧中人物的感染与影响，一篇篇文章像是汇集着一串串思想的瑰宝，对于政治家们、仁人志士们、同行企业家们以及更多的新一代创业者，无疑具有极其重要的参考价值。我们不仅由此更加了解我们身处的环境与时代，我们从中还可以看到中国许多产业与领域的未来。相信所有读者都会感谢这些思想贡献者们的卓越奉献。

产业精英的雄心壮志

　　在中国企业家群体中，有一群志存高远的产业精英，他们走过了光辉的创业之路，至今还坚持战斗在产业发展的第一线。TCL 李东生讲述了"鹰的重生"的故事，不仅使我们了解了中国企业国际化道路的艰辛，更是看到了一位电子行业的资深老将对于中国家用电子行业未来的解读，与三星电子的竞争与博弈将会是未来中国企业家们的不二选择。与之相似，在重工业企业的队伍中，德龙钢铁将会在丁立国的带领下开启国际化的航程。时尚行业的企业家苗鸿冰则在深刻领悟到"幸福感"是企业产品的基础上，树立了将"白领"品牌打造成东方文化艺术代表、中国版的"路易威登"的长远目标。在这支产业企业家队伍中，我们最应该关注的是打造"小米"手机的雷军，雷军所定义的互联网精神"专注、极致、口碑与快"精准地诠释了他的追求，我们期待着他的不断成功，为我们带来生活方式的改变与进步。

投资家们的本土功夫

在中国企业家队伍中，已经出现了一个由创业成功的企业家领军的投资者群体。曾经与朋友创立过知名互联网服务企业"亚信"的丁健已经成为一位投资家，他对于项目选择中的关键指标"缺陷"的高度重视令人称道。他认为，"在选择投资对象时，企业的核心因素我们都要看，比如团队、商业模式、行业前景等，但不同行业和不同企业的优点和缺点并不一样，这时候我们就要去判断它的缺陷：第一，是不是可以弥补？第二，它对公司的影响，会不会是致命的？第三，它所带来的坏处与优势是否能互相抵消？"这种总结对于许多从事投资以及创业的企业家都有启发意义。与丁健不同，学者出身的陈琦伟则在"文科教授实验室"——亚商公司多年投资实践的基础上总结出新的投资模式——"创业加速器"，依托独到的中国本土功夫，他决意改变由美国人创造的早期投资"极少部分成功，大部分失败"的模式，其目标是对所投资公司全面注入资金并提供服务，创造"大部分成功"的新模式。小灵通首席执行官出身的吴鹰在完美转身之后，也成为一位知名的投资家，基于自己对于中国政商关系的深刻理解与把握，在所投资企业创造出资源优化组合的新模式。

企业家们的远见卓识

几乎所有的企业家都是思想家，他们不仅仅考虑本企业的发展，还在不断地探索长治久安的企业体制与推动社会方方面面的进步。当代集团的艾路明关于企业董事会治理结构的"三三制"（即股东占三分之一、管理层占三分之一以及员工占三分之一）设计具有独到的价值；作为一名企业家"村长"，对中国农村土地制度改革的设想也极具实践意义，可以兼顾多方利益，实现多赢。云南红酒业的武克钢对于现代工商文明与封建文明的分析，道出了"商"的不同，对于深刻认识继续改革的必要性具有重要意义。国企管理者出身的知名金融家王晓龙对于职业经理人定义的分析是十分到位的，其可贵之处在于"自知"有为。而锐丰公司前总经理徐风云的卓越奥运服务战绩，更是为王晓龙定义的职业经理人做了最好的注脚。

转型者们的再次辉煌

万盟的王巍是知名的中国并购公会主席。他的经历极为丰富，他是金融家、登山家、著名论坛主持人，同时也是知名海归人士。他是一位极有个性的人，但是，我们从他的身上，看到的不仅仅是特立独行，而是如他所言所行，以追求完美之心，用不够完美的行动能力，兴国家社稷需要之事。最近几年来，他在各地兴办的多家金融博物馆及其派生活动给社会带来了多方面、持续的影响，其创新开拓之举受到了社会的广泛赞誉。

与王巍自创新生事物不同，张醒生在其企业家生涯之后，成为一位在国际环保界知名的中国专家，他任职于大自然保护协会，给中国不断带来新的环保理念，使我们得以通过他的工作了解世界环保领域的 NGO 组织及其广泛的影响力，从而推动了中国环保事业的发展。

《亚布力观点》杂志多年来以宣传企业家思想为己任，取得了丰硕的成果。本书提供的全部文章均来自直接的调查与采访，因此，相关资料如实地反映了这些企业家的经历与思想，我们希望本书的出版可以促进企业家思想的流传，持续地裨益于我们的国家和民族，持续地裨益于年轻一代的企业家们。

田源

中国企业家论坛主席

目　　录
CONTENTS

他们的理想

德龙钢铁实业有限公司董事长

丁立国：
明天是熬出来的

为追求幸福生活而下海

1992 年后，受邓小平南方谈话等原因影响，更多人开始下海做生意。其实严格意义上来说，我当时并没有进入到体制内，也很难说是有铁饭碗。深圳当时是改革开放的前沿，都是市场机制，多劳多得，按劳分配，没有业绩就没有收入。当时，确实有一批 1992 年前后下海的企业家是在政府机关工作一段时间，有所醒悟后才投身下海。

1989 年，我正好在上大学，整个社会掀起一股思潮和学潮，有很多关于社会体制改革的讨论。20 世纪 80 年代初，中国的很多问题都属于经济问题，因为那时中国还很贫困，大家下海经商的念头都很强烈，但 1989 年以后整个市场又封闭了。尽管我在大学里熬着，但内心很不安分，经常琢磨着要去做点什么生意，因此一毕业我就立刻去了深圳，我下海的时间应该比陈东升、尹明善、陈峰还要早。他们当初算是在体制内，有铁饭碗，跳出来就不是那么不容易，我就干脆没进入体制内。

后来，1992 年邓小平南方谈话，随后整个社会氛围又变了，突然间下海经商在全中国又热起来了。邓小平为什么讲"思想再解放一点，胆子再大一点，步子再快一点，办法再多一点"？当时有一篇很著名的文章叫《东方风来满眼春》，真实记录了邓小平在深圳视察时所做的重要谈话，引起了巨大反响。在这种背景下，全民经商的氛围非常浓。我们正好那时跳进去了，所以就抓住了时机。那时我在深圳的国贸上班，深圳国贸大厦号称当时的"中华第一高楼"，现在到深圳，一眼根本找不到国贸大厦，它早已被淹没在深圳众多楼宇的汪洋大海中了。

我其实在上大学期间就蠢蠢欲动了。当时那种商业氛围比今天还要浓厚，今天也有很多成功人士做样板。我是否算成功的，现在还不能下结论，基本在告老退休时，才可以画上句号，现在还是感叹号。我们当年并没有成功的参照对象，一个万元户就让人感觉了不得，大部分人在开理发厅、倒卖服装。大家追求富裕生活的欲望非常强，而且是终于等到有这样的机会了，而我们的父辈、祖辈没有这个机会。我们都是怀揣追求幸福生活的欲望，义无反顾地下海，根本没考虑过今天的结果会怎样，也没考虑过是否会成功。

现在很多人问，你们都没想好怎么会去做呢？其实哪有那么多想好的事情，有些人教育别人时说尽量少犯错误、多走捷径，但世间的事哪里有那么多捷径？现在回想，我们在当年还算是很超前的，敢于去追逐时代前沿。

现在中国商业上有所成就的一批人大多是 20 世纪 90 年代初期创业的。2000 年前后随着新经济时代、网络时代的到来，一批新企业家也成长起来了。那时传统经济在变革，我们抓住机会就进去了，包括陈东升等人。所谓保险、拍卖，那都是新兴东西。我们当时是在跟传统博弈，我们钢铁也是，都是国有的一统天下，突然有一个口子撕开了，你就进去了。这 20 年下来，其实最大的体会就是靠坚韧，熬过来的。

中了时代的"大奖"

其实从事钢铁行业，当初也不是我选的，是时代的产物，当时整个中国是个大建筑工地，而且在计划经济时期，重要物资都是短缺的，钢铁更是紧俏商品，因此我们就跟钢铁结缘了。一开始做贸易卖钢材，后来又承包河北当地的小厂。1997 年以后，国家开始"抓大放小，国进民退"——现在也抓大，但不是放小，是"灭小"，所以我们开始进行收购重组，一直走到今天，是一种机缘，不是我选择了钢铁，而是时代选择了我，那个行业选择了我，是机缘。

现在全国钢铁还是国企占主导，但民营企业已从产量和影响上变大了。从市场角度来看，与市场经济相适应的还是民营企业。在这种环境下，国企既有资金、人才、装备等资源优势，也有历史原因形成的包袱。可能再过 5－10 年，钢铁行业的格局很可能会发生变化。回想当年，我们也没想到自己会发展成今天的样子，过去我们进行钢材贸易，搞加工后再卖。现在我们的整个工艺跟首钢是一样的，我们也是炼铁、炼钢、轧钢的流程，我们跟他们一样有高炉，我们生产的产品跟他们是一样的标准，无非就是首钢现在的规模比我们大一点点。20 年前，我们肯定不敢这样吹，今天我也绝对不是夸口——如果再给我 20 年时间，今天的首钢一定不是我们追逐的目标，那时我们会远远超过它。

作为民营企业，一路走来，我们遇到过的问题也很多。陈东升一直在讲中国现代化进程，在我看来，从近代史来说，确实找不出今天这样非常政通人和、社会稳定、经济繁荣、持续向上的 20 年，找不出这样一批不问前程、埋头苦干、甘于奉献、积极进取的人。中国 30 年改革开放，今天的成就都是在这 20 年发生的，我们都是亲身经历者，我们的企业和我们所处的行业也经历了种种变化。

像 1992 年以后，经济一下子就热起来了，大家一哄而上。那时用的钢材，很多质量都不合格。1994 年，国家就开始整顿和调控，其实经济也就热了一年半。从 1994 年到 1999 年这段时间是中国经济最困难的阶段，那时候我们卖出去的货都收不回来钱，银行也不给我们民企贷款。为什么很多企业都愿意"戴红帽子"？因为好贷款。"十五大"之后，国家对民营企业的限制有所放宽了，允许同样贷款了，后来是鼓励支持，再后来民营企业就是国民经济的重要组成部分，整个过程我们都经历过来了。条件较好的时候是 1992 年到 1993 年，1994 年到 1999 年成了最困难的时期。从中，我们尝试了多元化，也体会到了失败。

从 2000 年开始的 10 年德龙又重新发展。2004 年以前国家鼓励民营钢铁发展，但 2005 年以后又开始调控了，于是，钢铁业又面临政策打压。2005 年德龙准备借壳上市，但资金紧张，于是我们到海外上市，2008 年开始全球金融危机，但 2008 年以后，这 3 年又开始产能过剩。当年我下海时，全中国钢产量不到 5000 万吨，今年已经突破 7 亿吨，增长了十几倍！

所以中国企业所奠定的基础是这个时代给予的，最感谢这个社会的是这一批企业家，没有这个时代，企业家们怎么可能成就自己的梦想？这是一个最热爱和忠于国家的群体。结果这批人似乎偏偏被边缘化，但其实今天早已不能用"阶级仇、民族恨"来解决社会问题。我们这批人整整经历了中国从计划经济到市场经济双轨制的变革，今天中国已成为世界第二大经济体，社会财富在急剧增长，民营企业中的精英分子，基本上都超越了自己当初下海时的梦想，谁也没想到自己会有今天的成就，就像中了时代的大奖。

不能让"劣币驱逐良币"

有人说，中国30年改革开放的过程，似乎就是"国退民进"和"国进民退"相互交织的历史，比如"铁本事件"，"山钢兼并日照钢铁"等。我记得刘少奇曾经说："什么叫正确路线？左了吗？右一点。右了吗？再左一点。这叫正确路线，左左右右的需要调整。"

伟大是熬出来的，其实一个成功人士最大的能力，就是超强的忍耐力，就是隐忍、坚守和执著。所以，无论是铁本、日照，我认为这都是代表着时代的烙印，代表一个阶段，在这个阶段中央就是这个政策。我们犯了太多的人为主导、非理性的错误，在那个阶段缺乏一种客观公正的，甚至是缺乏一种市场化的决策机制。也许在那个阶段看似有道理的政策，过一段时间就会感觉很荒谬，没有丝毫道理。

最近我们都很困惑，不知道该往哪儿走——每年都在交税，但没获得什么资源，也不能随便上项目，自己的名片上一堆头衔，却什么事也不敢干。为此，我们也专门跟领导交流过。

公司上市之前可以无所顾忌地去做事情，上市之后，顾忌变多了，增长速度也慢了，困惑也多了——现在的经济学叫"劣币驱良币"，很多事情无法解决，这应该算是这个时代的缺陷。原本应该让那些真正有理想，能够为社会、为行业发展做贡献的人正大光明地存活，但是我们似乎不完全是这样。那民营企业该怎么办？只能停一停，缓一缓、绕一绕、躲一躲，硬扛是不行的。我们为什么还在坚持？就是因为有对产业未来的憧憬和理想追求。一家优秀公司的发展首先是靠一把手，这些企业家本身就很优秀,不能让他们都心怀退意、心情惆怅。

如果没有钢铁行业这10年的发展,哪有今天中国的经济基础?没有钢铁如何修路?如何盖房子?如何建厂房?哪里来的工厂设备?哪里来的产品?我们的视野应当回归现实,正确面对现实,不能再用过去陈腐的思维模式。

什么是成熟的时代?是没有精英和英雄的时代。今天学这个模范,明天学那个模范,后天学谁?这些英雄离我们太遥远。我参加过一个活动,是由中国台湾的中小企业构成的组织,这个组织可以去跟政府去谈判,类似的这种小团体都有一个稳定的思想和主题,没有所谓跟风似的运动。

困惑的"修行者"

在国家对钢铁行业实施宏观调控的时候,德龙在2005年选择了海外上市,其实我很早就想到外边去看一看,也总喜欢干一些有挑战的事,不能等到不行了再去调整,如果真到走不下去了再调整,就很可怕。其实德龙 2003 年就考虑上市了，为了发展，德龙也曾去银行借款，进行各方融资，唯独没走过上市这条路，就希望尝试一下。于是 2003 年德龙就重组了，2004 年在香港启动上市程序，招股说明书都写了 7 稿，结果突然遇到宏观调控，因此本应是 2004 年 6 月在香港上市，结果最后没进行下去。但重组了这么多资金，最后只能选择去新加坡，走出去的这一步是对的，因为海外融资更方便了，但在新加坡上市不是最好的选择。在大陆上市是最好的，但我们没有机会，香港是第二个选择，但当时没抓住这个机会。

我们是为数不多的在海外上市的钢铁企业之一。这几年我们从市场中也拿到一些钱，规模也有所发展。现在看来，在新加坡上市不是最好的选择，但当时的条件也不允许有最好的选择。2007 年底到 2008 年初，我们准备卖股份给俄罗斯钢铁公司，当时是资本最疯狂、最高涨的时候。但我们"运气"不好，政府没批准，这个结果对我们造成很大影响。我们希望往其他产业转型，比如地产、造船、酒店服务业、机械装备制造业……最后后续资源没跟上，一下子陷入破产边缘。因此 2010 年我们做了债务重组，这两年把债还了，2011 年刚刚缓过来，又面临如今的困惑——行业全面过剩、资金链紧张、市场极度恶化，徘徊在亏损的边缘。

在钢铁行业，国家有一个政策，叫外资不能控股。其实我们已经是外资了，无非我们本人的身份不是外资。因为政策和人为的原因，我们收购俄罗斯钢铁公司没有成功，在国外，碰到这种事情，企业一定会要求有关部门给出一个不批的理由，可这件事我们后来没有这么做，也没有得到任何解释。这其实是一个纯市场化的行为，为什么要去阻挠？为什么海外认为我们不是市场经济占主导地位？就是人为因素太多。我当年在两会上汇报过这个收购案，得到了一致好评。因为我们是曲线绕到海外，用外国人的钱干中国人的事，如果真的成功了，可以拿到 10 亿美金，一个省一年招商引资能达到什么数字？并没有多少。如果当年我们的申请获批了，今天德龙的产业布局和资金规模将完全不同。

因为当时这个政策也不是很清晰，俄罗斯股东又担心会出问题，最后他们上报了。其实，如果不上报，这件事也许就成功了。今天再回顾，很多事情都需要有"修行人"的心态，甚至要做苦行僧，亦苦亦乐，做企业也是这样，都是修行者。

一定要在"十二五"期间进行海外布局

目前，钢铁还是我们的主业，因为中国未来10年、20年对钢铁还是有需求的。我们现在定位是，主业要坚持，而且一定要在"十二五"期间有海外布局。除了收购重组之外，我们还需要努力使产业延伸。因此德龙在找寻这些东西，比如立体停车库，北京堵车的一部分原因是车辆没有车位而乱停乱放，立体停车库的一个车位可以放五辆车，节省空间。汽车的停车位全部是钢结构，一个车位一吨钢。所以我们希望从产业链延伸的角度来做这些事情。不光是为了留住人才，主要还是希望寻求产业发展的突破。

在投资业务方面，我认为，中国未来资本市场会进入到高增长的阶段，与美国相比，目前美国上市公司的数量远远超过中国，但未来中国可能也要出2万家上市公司，将会超过美国和日本，产生更多公众公司，推动资本发展。过去是时代选择我们去做钢铁，现在我们已可以自己选择行业了。为什么要选择？未来10年，中国会出现若干个优秀的公司，未来上市的2万家公司中，如果我们仅投1%或0.5%，就是一两百家公司，利润更可观。

但我们的主业还是需要坚持的，在这5年还是以钢铁主业作为主导。那这5年钢铁业的机会在哪里呢？主要是收购重组的机会，5年以后收购重组的格局奠定了，就是天下大定了。这7亿吨钢产量就分布在50家企业里，都是一些有特点的、生命力极强的特色公司。

目前德龙关注的地方包括美国、非洲，还有蒙古、柬埔寨、墨西哥等。对于海外市场，我们一定会尊重市场化的原则，这期间要选择好的中介公司，还要研究对方的市场、文化，不能简单武断，我们也要用市场化的原则去做自己的布局。

德龙寻求海外布局的核心原因是国内市场很难做大，首先我们要抓住国内集中度加强的趋势，在国内做规模扩张。第二，中国钢铁工业非常成熟，现在要把中国钢铁工业优势嫁接到海外有资源、有市场和需要改造的地方去。比如美国有的地方需要改造，蒙古有资源，非洲、柬埔寨有市场。中国企业一方面要进来，一方面要出去。现在本土化怎么办？出去怎么办？我们在"十二五"期间需要进行海外布局，应该有实质性的作为。2011年是国家"十二五"规划的第一年，也是我们的开局之年。

从德龙自己发展的路径来说，总体上我还感到比较庆幸，但我们依然需要坚韧，需要熬着，等待的过程是痛苦的。

作为人大代表，我也在政策上不断地呼吁。当然，国家也在推动，但是也得看国家推动的尺度，你自己有一个判断。我跟很多企业家和想创业的人也说，我们首先要想办法变成"潜水艇"，在水下潜行；第二，坚持住自己的理想和目标。但是到达理想的路途肯定是黑暗的，并且充满艰辛、困惑和痛苦。因此就需要自己的执着。如果不坚持走下去，就看不到未来的路。第三，你自己要对未来充满信心，不管别人和外部环境如何变化，无论企业内部有怎样不同的声音，你都需要坚持、隐忍，坚持自己要走的路子，这是最关键的。

我们现在考虑未来，都是在想未来5年或10年会怎样。我根本没有拿现在和未来去比较，中国历史五千年都是跌宕起伏的，今天是你，明天是他，很多事情不是你想不想的问题，而是你能不能，或是你的运气有多少，也可能是机缘。马云选择了阿里巴巴，李彦宏选择了百度，马化腾选择了腾讯，这三家公司最初都是小公司，现在都成长为大公司了。那你要做什么？要沉静，坚守自己的阵地，不以财富多少来衡量，而是以自己的追求价值观和商业道德来衡量自己，做到无愧于心就可以了。硬要比拼财富，这很难说也很难比较。换句话说，有些东西不是比较出来的，有些人可能会因为自身原因而倒下来，并不是对手有多强大，而是因为你的退出和对方的坚持。

礼佛、观海听涛，这就是我的信仰

"那边是佛堂，这边是观海听涛"，这就是我的信仰。礼佛告诉我，人要有敬畏心、恭敬心、谦卑心，还要心怀感恩。同时还要观海听涛，一定要谨慎、低调，要听党的话，一颗红心两手准备。

我天性有佛缘，看不得别人受苦。我们都是属于吃软不怕硬的人，欺软的，怕硬的人只能当奴才，当不了老板。我的这个性不是今天才形成的，企业小的时候我亦如此。

与佛结缘也得算是机缘，2000年我出车祸，在天津的家对面住着一个密宗的活佛，他就送我一本书叫《生死之约》，从那时起我便与佛结缘。礼佛使人内心安静，心身恭敬，要沉静下来，不要大吵大闹，要善待这个地方。也有很多人很自我，到哪里都大喊大叫，以自我为中心，当今中国社会不乏这种人，比如有人把自己标榜成神一样的人物，缺乏诚信，缺少商业道德，过于自我。

我也受到了儒家的影响，我认为这些就是宗教心，宗教心本身都是辩证的，它是直指人心，不是虚幻的，儒家思想就是外王而内圣，刚柔并进。对待政府就得隐忍，对待公司就得刚，刚柔并进。反正你要向别人好的一面学习，每个人都有自己的优势，你尽量学习人家的优势，透过别人的矛盾发现你自己的矛盾。

期望子女快乐健康成长

我上学的时候不是好学生，却总当班干部，那时当班干部的大部分都不是好学生。但是我女儿，她不太相信我当过班干部，她认为不可能，对我不太信服。我们家是"严母慈父"，我跟他们一点脾气没有，不像干部。我的同学来找我，叫我班长什么的。我小女儿就问她姐姐，爸爸好像当过班长。二女儿说，这不太可能。她俩又跟我儿子说，我儿子说这太无聊了，根本没这回事。

人总是在变化的。我认为学习能力超强、包容心很大、意志又坚定的人，就有成功者的气质。比如北大 MBA 领导力的建设，无非就是这几条，但实践起来确实不容易。过去 20 年中国企业家是怎么走来的？都是靠不断学习，向所有人学习，随时随地去学习，包容和隐忍一切事情和人。这 20 年咱们只有坚持做这点小事，坚持。我再坚持 20 年，等把这些名人都熬成化石了，我再回来"吹牛"。

因此，我对自己的孩子有三点期望，第一，快乐；第二，健康；第三，找到自己喜欢的事，并且能够坚持，要对别人有点价值。他们肯定不会干我的活，很累，他们都很个性化，我从来不苛求他们会成为什么。

（改编自《亚布力观点》2011 年 6 月刊）

金山软件公司董事长、小米科技 CEO

雷军：

用互联网观念做企业

金山还可重新起来

2007 年金山软件上市之后，我与董事会商量要"退休"，退休之后的主业是投资。主要投资三个领域——移动互联网、电子商务和互联网社区。

在电子商务领域里，我所投的最出名的是凡客诚品。凡客诚品现阶段规模非常大，如无意外，明年会超过一百亿；明后两年，凡客诚品也许会成为最大的网络销售商；2011 年预计能卖掉超过 1000 万件的 T 恤、250 万双鞋，这些在全国都是 NO. 1。对于凡客的投资，我是从零开始的。在移动互联网领域，我投的是 UCweb，差不多 50％的手机上网都是用 UCweb 的浏览器。第三块投的是互联网社区。我们知道，在这方面，腾讯的 QQ 已经很强大，算是一枝独秀。三年前，我投了一个项目叫 YY，是做 IM（即时通讯）的。三年前从零起步，现在已是中国第二大的 IM，我预计它的语音通讯会超过 Skype，在 PC（个人计算机）上的应用相当于腾讯 QQ 15％ –20％的市场规模。如今，凡客、UCweb 等公司在私募市场上都是过十亿美金市值的公司，未来三四年，他们的规模将会翻番。

在过去的四年多时间，我投了 21 家公司，三分之二是从零开始的，而且集中在上述三个领域。平时大家用的很多服务和应用，可能就是我投资的或做起来的公司在背后提供的。比如有个网站叫"好大夫"在网上提供医疗信息，全国所有三甲医院的专家医生信息都在上面，包括要看什么病、有哪个专家等等这些信息都在上面。"好大夫"在医疗社区里是遥遥领先的。虽然目前还没有想到这个网站具体的盈利模式，但我认为未来有非常多的远程医疗机会。

我还做了类似许多稀奇古怪的事情。去年，我又创办了一家新的公司叫小米科技，主要做手机，小米手机现在整个市场上的热度还蛮高涨。自手机开放预定起，34 小时内有 31 万用户预定，如果交易全部成功，一个季度就将达到 7 亿人民币的收入。所以，我认为手机是我找到的一个行业，只要做好一个产品就可以成为巨大的规模——苹果已经证明了这一点。小米一部手机 2000 块钱，卖一亿部手机就是 2000 亿，所以靠这一款产品就能做到世界五百强。我找了很久这种行业，在别的行业我也实在找不到。如果小米能够做到 iPhone 的市场程度，五年时间内卖 1 亿部手机是两千亿，那我们只要其中 10％的毛利就够了，这是我目前找到的最大的机会。

2011 年 7 月，在我每周需要工作六天，每天工作 12 个小时的时候，金山董事会以及我的两个大哥（裘伯君和张旋龙）一定让我接任董事长，我说自己实在忙不过来，他几句话就噎住了我：我说没时间，他说时间像海绵里的水；我说已经管了十几家公司，现在管不过来，他说再多一家没有关系。所以，我最终出任金山董事长。我的两个大哥裘总和张总把自己股票的投票权永久性全部给了我，说一定需要一位原来的创始人负责，这样公司才能可持续。在这样压力很大的情况下，我大概有 20％的时间在金山。

目前阶段是我们金山最艰难的时候——CEO（首席执行官）交接班，董事长又忙创业。但我相信，在我出任董事长后，三五年时间内，金山还可以重新做起来。

我为什么会这么自信？因为过去四年，我参与了 20 多家公司的创业，之后，我也找到了一套做企业的方法。这个方法大概包括几方面内容，结合金山来讲，第一个问题是：金山做了二十多年，今天却做得不太好，我们到底做错了什么？第二，对比具体情况，过去四年，在我做的 20 多家企业中至少有三家是非常出色的企业，他们在各自的领域里都是数一数二的。比如凡客，四年前从 200 万人民币起步，明后年将达到一两百亿的规模，而且其盈利能力超强。但金山的规模不大，去年做了 10 亿的销售额，3.8 亿的净利润。第三，通过做这几家公司，我找到了一个方法。现在我用这个方法论正在实现一个新的企业，就是小米科技。

小米是我找到的最大机会

小米科技去年创办之初作价 2.5 亿美金，融资融了 4100 万美元，是三家 VC（风投）和团队共同出资。我们的团队有哪些人构成？林斌原是谷歌研究院副院长，在微软工作了 11 年，而后在谷歌工作了 4 年；周光平博士 1995 年在美国加入摩托罗拉，且是其全球技术委员会的成员；2000 年回国之后，协助创办了摩托罗拉在中国的研发中心，摩托罗拉有一款很出名的透明翻盖手机，就是他做的。除林斌之外，为了做小米，我把自己认为在谷歌、微软和摩托最杰出的人都找了出来，我们的团队有一半以上是来自于这些公司，大家共同创办小米科技，让小米在软件、硬件和工业设计方面都很强。小米团队的平均年龄为 32.5 岁，差不多是平均年龄最大的创业公司，他们是全世界跨国公司中最有经验的一群人。我想，假如能够把摩托、微软和谷歌合并了，搞成这样一个手机公司，一定能做成一家伟大的公司！两年前我就有这个想法，所以动员了这些最杰出的人一起做。

小米科技有一套自己开发的手机 OS（操作系统），即 MIUI 系统。最"可怕"的手机操作系统是什么？就是谷歌做的——微软用了五年时间做一个 OS，诺基亚用了三年时间做一个 OS，苹果用了一年时间，所以一上来就超越了前人，而谷歌的系统只用了三个月时间。小米科技去年 6 月 1 日开始做小米手机 OS，我就说：就用谷歌的方式干！每星期发布一个新版。

2010 年 8 月 16 日发布 MIUI 系统时，静悄悄的，甚至市场上都不知道这个产品是谁做的。做完之后每周发布新版，一版一版地改进。用户提出自己想要什么，若我们认为这个想法好，每周五时就更新发布。比如有个明星给我提了建议，能否自动拒接骚扰电话，将手机通讯录中没有的号码自动屏蔽掉，我们就在系统中加上了自动拒接非通讯录电话。我们每周发布一个新版，快速推进，而且当时是"隐姓埋名"。三个月后这个系统最先在美国火起来，很快在欧美开始蔓延，继而中国也很快被带起来。在小米手机还没有发布的时候，MIUI 系统却被用来刷市场上最流行的 20 多种手机。就像 PC 换操作系统一样，对普通用户来说这是高难度，但全球已有 90 万人在用 MIUI，其中 30 多万人在国际上使用。MIUI 有 23 种语言，在全球 11 个国家有粉丝站，很火爆。在 MIUI 的粉丝论坛，一个帖子动辄十几万人看过，是他们帮我们炒火的。过去一年，我们都是靠口碑传播。而且 MIUI 去年获得了美国媒体的年度产品提名。这个产品在市场的震撼力超乎想象，你所能想到的功能，这里基本都有。这恰好与苹果走了相反的路，苹果是极简，而小米手机和 MIUI 是集大成。MIUI 系统非常丰富和灵活，是首个采取互联网模式开发的。

小米科技的第二个产品是，专门为手机设计了社交工具——米聊。我原来常常在想，短信了十几年为什么没有长进呢？而米聊可以直接对讲、发照片，甚至可以发涂鸦，那短信就变得丰富多彩了。米聊会自动把你的手机通讯录好友加上去，这种沟通形式比原来的短信和 QQ 先进很多。这种新的社交方式是小米科技最开始做的，之后，腾讯急迫的全力赴上，发布了微信。用米聊，你可以把同事们加在一个群里面，只要在群里讲一句话，所有人都能听到。因为我个人兼顾着许多公司，我把这些公司同事放在一个群里。我说一个事情，群里所有人都能听到，这样同事们会觉得我时时刻刻都与大家在一起，哪怕天天在办公室呆着，大家也觉得很亲切，拉近了人与人之间的关系。在管理上，对我最有用的就是在手机里的米聊群，且使用较便利。如果我认为我们的产品有什么问题，就用截屏和涂鸦发给同事们，这样一来修改产品也特别方便。米聊用做高层管理是很方便的工具。

在硬件方面，我们做了市场上最高端的手机。小米手机用的芯片是高通的双核 1.5G，我们现在用的台式机大多是双核 2.4G。预计未来两三年内，手机的计算能力和主频速度会超过台式机。手机工业在过去几年遵循摩尔定律，每 18 个月速度提升一倍，非常疯狂。我觉得今天最高端的是小米手机，就是双核 1.5G，预计明年四核 2G 都会开始研发，现在手机的芯片也在飞速进步之中。另外，小米手机是 4 寸屏，内存 1G，电池是1930 毫安。也就是说，这款手机不管怎么玩，一天之内基本不会没电。用大电池，就是"简单粗暴直接有效"，不用搞那么复杂。也可以换备用电池，电池也是五颜六色的。

为什么我们买的高档手机刚开始是七八千块钱，过一段时间就降价了？因此，小米手机的价位是 1999 元，iPhone 4 虽然比它贵，但小米手机的性能其实是远超过 iPhone 手机。在硬件工业中，产品的产量销量提升后，成本也会降低，所以时间一久成本就降低了。小米不会像传统高档手机销售一样，开始卖七八千元，一年后跌到两千左右。为什么只卖 1999 元？还有一个核心原因，小米手机全部是电子销售，没有店面和渠道成本。而且我们只出一款手机，整个物流供应链全部简化，把所有成本降到最低。很多手机厂商把小米手机骂得一塌糊涂，因为我们挑战了大家的心灵极限。但没有办法，因为手机市场都掌握在跨国公司手上，我们必须这样做。

许多人说小米搞一个"双核 1.5G"是唬人的。小米手机于 2011 年 8 月份发布，10 月份上市，我保证三个月内小米是全球第一家。其实双核 1.5G 这样高端手机，其复杂度超乎想象。有人骂我们是山寨的，但其实我们这些曾在摩托罗拉任职的工程师们，下的功夫比过去还深，他们自己也在小米有投资，每周工作六天，每天十几个小时，他们想证明摩托当时被收购，是高管们的问题，而不是他们的问题。所以这些人跟我一起创办了小米科技。我相信小米带来的颠覆是超乎想象的。

小米手机的硬件是全球苹果供应商共同制造的，经过了严格的测试。有些测试很有意思，比如，滴水测试，把手机拿到水龙头下冲十分钟，拿出来还能用，防止夏天人们出汗渗到手机里引起的损坏。还有挤压测试、跌落实验、小球撞击实验等。山寨机与跨国公司的手机差距在什么地方？就在测试上。做好一款手机三个月就行了，为什么我们要花一年时间？就是因为要反复测试，好手机是测试出来的，还有防尘、高温、高湿、低温等千锤百炼的测试。还有信号测试，做高频和低频测试差不多要 6000 万。小米手机全部是在网上销售，我们用的材质抗压抗摔，主要是为配送准备。凡客的物流帮我们做仓储配送。

我们的手机性能在目前是遥遥领先的。

我是一个手机控，从大哥大时代起，我一共用了大概 56 部手机。对手机来说，我认为自己算是专家。我这么喜欢手机，但在用了许多部手机之后，总觉得不满意，就自己想整一个。做手机很难吗？我到底要用什么样的手机？肯定要最高端的双核、大屏、大电池、信号好。其中电池工业是最难的，几十年没有变化，如果电池行业有突破，整个世界都能为之改变。

专注、极致、口碑、快

经过这几年投资创办企业，我发现了一些什么秘密？我们不笨，又很勤奋，为什么我们创业好像没有别人那么顺利？其实金山也曾有过许多机会，因为金山在软件领域起步较早。早期我们做的 WPS（文字处理系统）也很盛行，那段时间是我们最好的时光，后来遇到了什么问题？经过这几年的反思，我认为我们有几点是完全想错了。

第一点，如何看待成功和失败？我觉得其实失败是必然的，成功是偶然的。我认为，任何人的成功 80% 以上是靠运气，展开来讲，有几个偶然性。

有一本书叫《异类》，书里讲了两个例子，第一个例子是加拿大冰球运动员，大部分球手的生日都集中在一至三月。因为加拿大政府规定，新年那一天满七周岁的孩子才可以入读小学。如果出生在 1 月 2 号，即使差一天，也必须等到来年才能入学。因为几个月的年龄差距，冬天出生的孩子就比班上大部分同学长得高出一截。加拿大的教练一般从十岁左右的孩子中挑选少年选手，再加以培养。那些冬天出生的孩子因为入学晚，比别人高和强壮，就容易被选中，也就有机会晋升到省级和国家级球队中。这是一个很简单的例子，证

明了偶然性，促成了一至三月份出生的人"适合"打冰球。

第二个例子，我们还会惊讶地发现，在美国，比尔·盖茨、斯蒂芬·乔布斯等一大批 IT 业大腕都是 1955 年出生的。这证明了什么？难道在美国做 IT（信息技术）的只有 1955 年出生的人有戏？时代在变。在那个年代，他们大学毕业两年 IT 工业兴起。哪怕是我们这些人，做 IT 业也分两波，一波赶上深圳的，一波后来赶上互联网了，其实年龄差并没有那么绝对，但是也就是那前后几年。所以成功的 80％ 是靠运气。

我最近开了一个玩笑，做企业越早越好，你要找到一个台风足够大，大到猪都能飞得起来的台风口。我们要做一只快乐的猪，不要每天很累。所以我的第一个结论是，方向最重要。中国的聪明人一大把，勤奋加努力的人也是一大把，关键是历史要把你推到这个口上。有的人成功是馅饼正好砸中他，他就成功了。我认为我们第一次创业是成功的，其中有我们的聪明和努力，但多少还有运气的成份。但你若想在战略上获得成功，想做连续的创业者，你要去知道哪个地方是赚钱的，要考虑如何把自己移过去——当一只快乐的猪，风一来就飘起来。这是我的第一个观点，就是要顺势而为。我认为我做金山犯的最大的错误就是，有许多事情是没有顺势而为，我自从信天、信命、夜观星象之后，就觉得需要顺势。如果你认为自己的工作事业不顺的话，多半是因为那些事情不可为，我们很多时候是在强求。我四五年前也很纠结，但放松心态之后，许多事都很顺了，做什么事情都很容易。我认为顺势就是找到那个"台风口"。这是我谈的第一个问题。

第二个问题是，在做企业时，我不认为互联网是一种技术，互联网是一种观念。在用互联网的观念做许多事情的时候，你就会发现传统产业不堪一击。这句话肯定有些过了。其实，我们金山也属于传统产业，我这一轮回到金山，最大的目标就是把金山打造成一家"互联网"观念的公司。金山去年被人"偷袭"了，被人打得没有还手之力，输得很惨。我与金山的同事讲，如果我来打金山，你们也会输。为什么？因为金山原来的模式和观念不对。

应该有什么观念？我仔细琢磨，互联网的观念有四个关键词，七个字来总结。如果用这些观念做公司，那这家公司一定很"可怕"。

第一个词，专注。少就是多。每个人在做一家企业的时候，都要问自己：能不能少干一些事？当你的事业到达一个阶段，大家被自己的欲望所吞噬，就是企业越成功，用的资源越多，甚至社会还会主动过来给你许多资源，这时候你的摊子铺得很大，虽然不容易倒。但其实"少就是多"，你少做一些事情，把这件事情做得足够强，就够了。我也曾陷入过做很多事情的陷阱里，所以我每天提醒自己少做几件事情，可做可不做的事情一概不做，可参加可不参加的一概不参加。把自己变得很单纯。

第二个词，极致。就是做这一件事情能否把自己逼"疯"，把别人逼"死"，一个东西做出来之后，你自己很"痛苦"，再想想你的对手会不会更"痛苦"？所以，我们做任何一件事情的时候，不是要做到好，而是要做到自己能力的极限。我做小米手机很痛苦，因为手机只卖1999，但手机工业很复杂，良品率是很大问题，目前我们还存在一个未知数，就是退货率，我想到这些自己也很难受。但必须按照这个价格做下去。很多同行竞争对手对我们的价格也有很多异议。所以，要考量自己是否做到极致了。

今天，极致的东西才能形成互联网的第三个词，就是口碑。在创办小米科技的时候，我们做了MIUI手机操作系统，这在发烧友区有极高的威信。我们就是要把产品做好，我相信有识货者。比如有一些中国留学生看到了，他们就在国外推荐，很快被发烧友发现了，就拼命推。因此在MIUI发布之后，最早很快在国外的发烧友论坛传播开来。今天为止，小米手机坚信用户口碑，如果我有信仰的话就是用户口碑，我对口碑最大的理解是超越用户预期。因为当你做的产品与用户的预期一样，用户不会说你好，若你比用户想得更好，就没有人拒绝你。小米手机还有一些做法，也是颠覆了整个行业的规则——8月底卖了1000台工程测试机，这个行业从未卖过工程测试机。但我想，用户想要为什么不能卖呢？可以先拿去用，比拿给我们测试员去试的效果好太多了。目前，小米手机即使是一点点问题也会被放得巨大，这是因为小米是纯互联网模式，哪怕一点声音都会被互联网放大。这是需要我们去改进的，口碑出现问题就是告诉我们要先降低用户的预期。

第四词，"快"。你的速度一定要非常快，有个电影台词讲"天下武功唯快不破"。也就是说，"快"了以后，因为没有人知道正确的是什么，在互联网的时代怎么做都是错的，微博时代也是如此，无论你怎么说，都会有人骂你。那怎么办？错了就改嘛，就去试嘛。如果试的话，你的工作就需要快。若三年试一次，十年过去了，你才了试了三把。所以我们一周试一次，一年试 52 次，在这种情况下，错个十次八次有什么呢？最终就会是正确的。

经过这几年投资、创业，我找了上述一套做企业的战略，就是那七个字"专注、极致、口碑、快"。如果在琢磨事情时，按照这个思路做，就会比较清晰。

手机会替代 PC

按照这套战略思路，结合做小米手机的理念来谈——小米科技只做一款手机，跟 iPhone 一样。我们其实结合了几个台风口，哪几个？iPhone 在五年前发布之后，斯蒂芬·乔布斯接受 CNN（美国有线新闻网）采访，讲了一句很牛的话，他说：五年之内没有人能超过 iPhone。这五年，有任何一款手机超过 iPhone 没有？小米手机也没有。纵然我们跑得比较快，但没有任何一款手机超过 iPhone。四五年前，我们都认为诺基亚、摩托罗拉、三星、索爱都很强，全是世界一流品牌。但 iPhone 一出，一夜之间，除了三星，其他都垮了。为什么？我的结论就是，一场新的颠覆性革命开始了。过去的竞争是在长跑，比的是谁的手机待机时间长、短信方便。现在不同，比的是铁人三项，要软件好、硬件好、互联网服务好。进入新的赛场以后，诺基亚、摩托罗拉、索爱、LG 都不适应了。所以，这是改换规则的时候，改换商业模式的时候，市场发生巨大变化的时候，也正是一个新时机开始的时候。现在，只有苹果完全明白了这点。

苹果是这么做的？甚至一年前发布 iPhone 4 的时候，大家都笑话说 iPhone 4 没戏，但铁一般的事实告诉了全球，苹果是这个星球上最成功的公司，市值已是全球最大的。如果我们把苹果其他的东西都扔掉，只做 iPhone，那它也会成功。假定五年前斯蒂芬·乔布斯出来创业，做一款手机叫 iPhone，今天一样可以达到市值 3000 万美金。其实，就是一款 iPhone 就改变了这一切。乔布斯说自己重新发明了手机，五年之内这款手机没有人能够超越。这是第一个我想与大家说明的台风口，即手机工业开始了一个新的时代。

第二个台风口是什么？我几年前突然发现，我做移动互联网的时候，用手机的时间越来越长，几乎不用电脑。我琢磨透了这个现象之后，去年在全球互联网大会做主题演讲时，阐述了两个观点，其一就是手机会替代 PC。今年年初，PC 的发明人也发表了同样的观点。为什么小米手机不用插线插入电脑，我认为插在电脑上，就还是以电脑为中心。而我们未来的时代是以手机为中心，所有的东西是围绕手机做的。甚至说得夸张一点，有朝一日 PC 会成为手机的配件，这个时代才真正开始了。如果大家现在认为手机不好用，这也证明其中存在了巨大的改善机会和市场机会。

另外，用互联网方式做事情，能够带来一种新的革命。互联网是免费经济。过去，可能为了推广一个免费产品还需要花大量的市场费用，甚至花很多钱拉客户，成本非常贵。今天，在互联网行业，平均每个客户的成本是 120 – 150 元。如果一个用户花 1999 元买了一台手机回去，在未来两年里，每周七天每天 24 小时与他在一起，如果其中很多产品都是免费的，那这个手机会有多高的黏度？因为每个人的手机都是随身携带的。不要把手机想象成硬件，就把它想成是 QQ，老百姓给我 1999 元，并且保证在未来两年内 24 小时跟他在一起，不离不弃。还有哪个平台能够比它更强？在这个平台上能够种什么花，我也不知道。但用互联网思路重新思考手机工业链的时候，我们就会发现一个巨大的机会，可能会比苹果想得更远更夸张。这就是小米手机的第三个台风口。

当然，小米科技目前最大的风险还是前途未知。因为我知道，每次创业我都输了，再干第三次会不会输得丢人呢？因为我不缺钱，混得也挺好，为什么要突然冒险搞一些事情？天天挨骂，还累得要死。我想，最难的还是害怕、恐惧。但是战胜这些东西，是一直以来我希望有机会去做的。所以，做小米手机用了我的几个方法论，就是顺势而为、站在台风口。我做了之后，发现阿里巴巴、百度、腾讯、新浪也在朝这个方向做。若只有我一个人这样，我会害怕，但大家都在做，那就说明方向是正确的。另外，我认为自己还是比较幸运地找到一些合适的人，大家以很快的速度做了这件事情。

反思金山

回到金山的问题上，我认为金山正好与我做企业的观念——"顺势而为、找到台风口"相悖，表现在几点上。

第一，我们有点太执着、太坚持。其实做 WPS 对我们来说真的是很不容易的事，因为微软在 Office 的研发就有十一年，我们用这么点人、这几条枪，就把这个事做了，虽然这件事不得不做，但挺难的。可以看出，我们做的许多事情没有找到台风口。这是我自己挺后悔的。

互联网时代开始时，我做了卓越，也了解什么是互联网时代，因而在推动整个金山变革、转型的过程中下了决心，所以我们比这一波互联网公司都早起步了十年以上。但今天回家一看，我们与其他企业的差距还不是一星半点。有时候我在想，"舍就是得"，有时"得也是舍"，福祸之间的转移其实就是分分钟的事情。我们在 1998 年前后，金山肯定比当时很多同行企业要强大地多。但没过多少年，金山就开始落后了。

第二，在 IPO（首次公开上市）上我们犯了巨大的错误。金山 1999 年准备 IPO，折腾了 8 年时间，准备了五个板块，才最终 IPO。但 IPO 就是一个铁镣铐，假如你第一次不顺，你就会发现付出的代价是巨大的。我们十年前本来准备好香港创业板的，后来改准备中国创业板，又改准备中国主板，再改纳斯达克，再改香港主板，这么多板块走下来，发现实在挺亏的。我们在这八年里所有的精力都在 IPO 上，大量精力消耗掉了，反思之后挺痛心的。因此今天我参与的所有公司，都要他们顺势而为，不要弄 IPO 上市。只要你准备好了，时间到了，也可以去，不要强求。但我们一定要做一些好的产品，只要用户喜欢你，你有好的产品，那也无所谓是否上市。现在对于我自己投资和参与的公司，基本上反对过于追求上市，若你做好了，那好的东西自然就起来了。我是总结自己血淋淋的教训，许多的公司是挂在上市路上，上又上不去，结果公司溃败。

当然，今天的资本市场环境较好。在我今天所做公司的融资过程中，我都鼓励员工卖掉部分股份。我认为今天的创业不要像 20 年前的创业一样，住小黑屋、地下室，苦哈哈的。为什么不能像快乐的猪一样幸福地创业呢？虽然创业是艰辛的，但我尽量让他幸福。在我做管理者的一间公司里，一般我会鼓励创业者套点现，不见得会影响创业热情，反而是可持续的，大家也没有生活的压力。

（改编自《亚布力观点》2011 年 8 月刊）

TCL 集团创办人兼主席

李东生：
TCL——鹰之重生

文化、活力和团队支撑 TCL 成长

2011 年是 TCL 集团创办成立 30 周年，TCL 成长的 30 年与改革开放三十年基本同步，我自己在企业做了 30 年，拥有我们这一代人特有的机遇。在企业经营方面，我想与大家分享几个方面：第一是企业精神，特别是企业文化；第二是企业的竞争力，就是企业的活力在哪里，企业最有优势的地方是什么；第三是企业团队的建设。

第一个想要分享的是企业文化，从企业文化来看，我认为企业文化的形成和整个大的经济环境和社会环境有关。改革开放 30 年，中国经济从社会主义计划经济转变到社会主义市场经济，已形成独特的社会体制和经济体制。这个经济体制有别于传统的社会主义经济体制，也有别于西方的自由资本主义经济体制。在这种情况下，中国企业成长发展，一定有自己不一样的企业管理观念和文化。所以 TCL 过去 30 年的发展，是在探索作为中国企业如何成长和培养支撑企业持续发展的内在东西。从总体来讲，这些东西可以用企业文化来概括。

我们认为，一个企业如果没有较大的目标去支撑的话，便不会走得太远。看看改革开放 30 年中，许多企业成功了，但也有许多企业还没有走完 10 年、20 年就被淘汰了。包括那些改革开放早期在经济界非常有影响的企业，到现在能够存续经营的也不到一半。为什么会这样？很重要的一个原因是企业的内在文化，要看这个文化是否能够支持企业持续发展。

我们是在企业经营了十多年后才有了这种建立企业文化的强烈意识和观念，然后在摸索中逐步形成了 TCL 自身的企业文化。早期，我们企业还是以企业生存为目标，主要是盈利赚钱积累财富，那时候也没有太多考虑企业文化、企业的愿景目标和企业精神等方面的内容，更多的是考虑如何把握市场机会，如何解决每个阶段经营的问题，如何能够争取更好的收益。因为我们企业当初很小，仅从 5000 块钱的财政借款起步。当时政府把我们的机械局电子科，剥离出来搞电子公司，政府的财政预算不给我们开工资了，让我们自己找饭吃。后来政府跟银行贷款，让我们做一些贸易，然后开始办了第一家厂，企业就这样发展起来了。那时候物资匮乏，市场机会很多，只要能够找到市场机会就可以发展。我们的前十年基本处于这种阶段。

1990 年代，企业发展到了一定规模。在 1992 年底我担任了 TCL 电子集团总经理之后，我感觉一个企业要持续发展，一定要有理念、精神、目标来牵引。企业的目标不能太低，不能局限于某个业务能够赚多少钱，这样的目标无法让企业走得更远。那时我想的是，我们如何能够做成在中国具有竞争力的电子企业，所以我们企业提出的第一个企业愿景是"创中国名牌，建一流企业"。

这个目标口号比较简单，就是TCL要做成中国的知名品牌，TCL要变成管理一流的企业。由此开始，我们就在经营中逐步形成了自己的一些企业管理特色。这个特色是基于中国的社会经济现状、基于中国的传统思想文化，又吸收了许多西方的先进管理观念，慢慢形成了我们企业的管理特点。从1995年开始，企业每年会编撰一部年度企业管理的文集，这些文集的作者都是企业高管团队的成员。每年有一部，没有断过，现在加起来的厚度比毛选五卷厚很多。

我们积累的这些东西主要包括两方面，一个是中国的，一个是国外的管理文集。在管理当中，自身也不断总结。三四年前，我们对于这个阶段的企业文化进行归纳总结和修订，TCL的企业文化有几个层面：企业愿景是"成为受人尊敬和最具创新能力的全球领先企业"。企业的宗旨是要"为顾客创造价值、为员工创造机会、为股东创造效益、为社会承担责任"。前两条在1990年代就已经提出来了，当时的宗旨是"为顾客创造价值，为员工创造机会，为社会创造效益"。1996年通过企业改制，我们从地方国有企业变成一个多元股权结构的股份制公司，企业的经营宗旨又增加了一项"为股东创造效益"，这也是有延续性的。我们企业的精神是"敬业、诚信、团队、创新"。这些内容构成了我们企业文化的核心，实际上也是企业运作的基本伦理和企业员工要遵守的基本规则。一个好的企业文化，是能够支撑企业持续发展的。在企业遇到困难和挫折的时候，由企业文化而形成的凝聚力，能够更加体现出它的价值。一个好的企业文化体系，能够让企业去面对和承担风险。

第二个想要分享的是企业竞争力，也就是企业的活力在哪里。我们的活力体现在各个方面，对于TCL来讲，我们特别强调变革创新，因为我们本身就是一个追赶者。改革开放初期时，我们所在的产业领域与国外的差距非常大，所以在进入这个产业之后一直在追赶国内国际的企业同行。比如我们做彩电的时候，熊猫和长虹是老大，我们是从零开始；做手机的时候，国外的公司是老大，现在也没有赶上国外公司；做家电的时候也是如此，相对于国外的领先企业，国内同行业的人都是落后者。从小企业到大企业，如果要超越别人，就要比别人走得快，那就需要一些新的思路。所以变革创新是我们企业经营的特质之一。

变革创新也是我们的优势，这点优势体现在企业的各个方面。比如在市场营销方面，1990 年代初，我们在上海开设了第一家销售分公司，我们是中国工业消费电子企业中第一个最早在全国各地创建分支销售机构的企业。另外，我们在销售中最早引入 VI（企业形象识别）观念。当年我们投了 30 万请了一家 VI 公司帮我们制作 VI 手册。当然，在此之前我们也做了一些调研，引进了这些观念，这为后来 TCL 品牌规范建设打下了良好而扎实的基础。

早期，TCL 的快速成长是依靠在市场营销方面的许多创新做法来拉动。为什么这些创新能够成功？因为市场创新的方法所需要投入的资源相对较小，比较容易成功。然而，在技术上的创新则需要有积累，所以在后期，当我们积累到一定程度的时候，就开始比较关注技术方面的创新，比如生产供应链创新和管理创新。其实，创新也可以说是在学习、模仿的基础上结合中国逐步改善的市场环境，但我们的观念不能完全照搬别人的，而是要学习，要根据自己的产业和市场特点来做。

第三个要分享的是团队建设方面的内容。我们是地方企业，不属于央企。我们企业一开始的团队建设系统就很开放。在广东企业当中，我们的管理团队大部分是外地人，没有人讲本地话，所以企业一开始就比较开放，团队希望能够吸引全国人才。另外，我们的团队一直非常鼓励学习，企业文化建设很重要的一点就是学习。无论是个人学习习惯的培养，还是整个组织系统的学习，都是连续不断的。到后期，企业拿出比较多的资源，在公司内部进行系统的培训，帮助员工尽快提升价值和实现目标。

另外，在企业管理中，我们一直很强调以人为本的管理观念。我们企业并没有只依靠简单的冷冰冰的绩效考核管理，而是以绩效考核管理为手段，在整体的管理上强调以人为本，强调了帮助员工成长是企业发展的一个目标，也是企业发展的责任之一。企业发展和员工的发展及员工自我价值实现，是一件相互推动相互促进的事情。所以，把这种观念贯彻到企业运营中，对于企业也有帮助。

并购使 TCL 获得国际化能力基础

今天来看 TCL 的国际化经历，还是有一点成功之处。现在，国际化已经成为大众词汇。我们的国际化是从 1999 年开始，为什么想到国际化？1998 年出现亚洲金融危机，中国的出口额下降了。以往我们的国际化业务是体现在代工方面，帮客户生产产品，而东南亚金融危机使得周围国家的货币大量贬值，人民币汇率相对于美元保持不变。相当于周边国家的货币是升值了，使得我们出口成本优势丧失。所以订单流失了很多。我当时感到如果国际化的路径只是做代工，那风险就比较大，所以我们考虑是否应该走出去？自己能够在国外适当的地方有自己的生产基地，培养自己的品牌和渠道。于是我们就开始在越南做试点，慢慢往东盟国家推。

2004 年并购汤姆逊彩电业务和阿尔卡特手机业务，是我们国际化中的一次重大拓展。当时我们想，经过前几年的积累，我们在一部分发展中国家的市场有了基础。但是这些市场总体来说比较小，我们还没有进入欧美市场。我们一直在思考如何进入欧美市场，欧美市场的进入门槛较高，市场比较成熟，增量市场不会很大，而且要与国外大公司竞争，这使得我们一直没有特别成熟的计划进入欧美市场。

当时汤姆逊彩电业务的出售和阿尔卡特手机业务的出售，我们并购的主要目标是，通过并购快速进入欧美市场，给了我们这个进入欧美市场的机会，可以在欧美市场拥有自己的生产基地，还能提升我们的产业技术能力。

这些并购动作之后的实际结果大家也看到了，在 2005 年左右，由于大跨度的国际化，给我们带来了很大的压力。TCL 国际化经验的成败得失是当时比较大的话题。简单来说，由于我们对当时彩电产业转型的判断出现了些偏差，没有预测到市场变化会如此急剧，液晶电视会如此快的代替 CRT（阴极射线管）电视。另外，尽管当时我们做了非常详细的准备，但我们对于管理全球性业务的复杂性依然估计不足，这些造成了我们在 2005 年、2006 年连续两年遭遇较大的亏损，亏损给企业和管理层带来很大压力。TCL 作为在改革开放中成长的企业，一直具有非常强的竞争力和适应能力，这是我们的骄傲。而且，在 TCL 成长的前 25 年当中，我们没有亏损过的，2005 年和 2006 年连续两年亏损确实令我们很难接受，在这种情况下，如何能够渡过危机？如何能够把握机会把国际化的事情做成功？

最重要的是要有坚定的信念。作为企业来说，企业文化是基础，好的企业文化在这种情况下能够形成比较好的凝聚力来抗击风险，在这种情况下能够同心协力承担责任，这也在于企业有比较高的，而且能被大家认同的目标。记得当时在做并购决定的时候，我们内部有一个动员会，会上我引用林则徐的"苟利国家生死已，岂因祸福趋避之"的格言和大家共勉。

为什么我们做国际化？因为从中国企业未来发展来看，国际化是大方向。在经济全球化大趋势下，中国企业特别是品牌企业迟早要进行国际化。既然我们当时有这样的机会，就要抓住这个能够为自己更好发展而寻找突破的机会，同时我们也为中国企业的国际化开路，为中国经济全球化开路。有着这样的大目标认同感、责任感和使命感，大家的心理承受能力就会更高一些。所以，我们企业能够经受起这种考验。当然，确实也有一些人由于经受不住压力而在这个阶段离开了公司，但是大部分人还是留下来了。

当初亏损的具体数字我忘记了，2005 年大概是 16 亿左右，2006 年是 18 亿左右。这两个亏损额都超过了我们历史上最好的利润记录。2005 年我们通过出售国际电工弥补了十几亿，但还有几亿的亏损。然而，企业经营管理层仍然要面对具体问题，一个一个地解决。

法国汤姆逊当时面临非常严峻的困境，甚至是面临是否终止业务的问题。这是企业选择的一个方式。2006 年，欧洲业务的亏损很大，而且在欧洲的经济体系和法律制度的环境下，如果继续运营这家公司业务来逐步扭转情况的话，其不可预见的代价有很大。所以那时，银行以及一些专业的咨询公司，建议我们考虑把欧洲先破产掉，清掉责任，然后等平稳以后再寻求进一步的解决方式。

从经营管理来讲，这也不失为一种方法。但我担心从企业利益角度来讲，如果我们用破产的方式，破产企业承担有限的责任，其他责任由政府帮助承担，这样就意味着我们会失去欧洲市场相当一段时间，而且短时间内很难再进入。这样对于企业未来发展不利，但继续做下去就要多承担一些损失，而且要把握好多承担的损失最大是多少。当时我去法国，也反复评估，做了两套方案，一套是破产，按照契约承担相应的责任，这也符合资本主义市场经济原则。另外一个方案是持续经营下去，这里面可以采取许多的法律许可的方式。当然可能面临的风险会大一点，但是我们未来可以把握在自己的手上。

当然，由于这件事本身是企业行为，我们也没有拿国家的资助。作为企业来讲，不能只考虑经济利益，还必须要考虑自己的社会责任。基于这条理由，这个项目的处理对中国企业的影响，对中国国家形象的影响，如果我们有能力承担这种代价，就应该做下去，最后的决定是做下去。虽然从经济上来说增加了损失，但我们留住了在欧洲市场的机会，相信欧洲市场会慢慢复苏和成长。

在这个危机中，留下了 TCL 在欧洲市场的机会。同时，并购带来的重要作用是提升了企业的技术能力，过去几年，我们彩电和手机都获得过多项具有权威国际性产品的技术设计奖，如果依靠以往我们的技术能力，要达到这样的水平，恐怕还需要更多的时间。由并购带来的技术能力把我们整个团队的能力提高了，另外，我们团队的国际化经营能力也提高了。在我们的多媒体彩电业务、手机业务，都可以应用在我们的内部会议中。

加入我们团队的外籍员工，留下来的都是很认同我们企业价值的人，比较能更好地融为一个团队。当然，外籍员工不可能完全和中国员工一样，但在企业运作方面，大家都非常理解彼此的行为习惯，相处比较默契。比如管生产、管质量，按道理是亚洲人做得比较出色，在我们并购了阿尔卡特以后，用了一个法国人来管理，到现在他依然是通讯的质量主管。他工作非常认真，改善了我们在质量管理方面的很多问题，使我们的通讯公司在并购之后的海外市场取得了成功。我们的通讯业务 2006 年以后就站稳脚跟了。经过这几年的积累，从 2009 年开始，通讯恢复了上升渠道，而这个成功主要是来自海外业务的成功。海外业务的成功就是产品成功，产品成功很重要的原因是我们的品质体系一直很好，这个法国人功劳也不小，他在我们广东惠州一干就是五六年，现在还做得很开心。他现在还是个"钻石王老五"。他做得很认真很投入，和大家融合得也很好。

企业通过国际化获得的能力真的能够体现在团队能力、系统能力和业务渠道能力当中。所以，这种国际竞争力，也是我们投资亏损代价得到的结果。为什么 TCL 通讯能够在多家厂商中最早拿到手机生产执照？而且我们是为数不多存活下来的通讯厂商。因为我们的国际化给我们在国外的市场带来了巨大机会，使得我们在国际市场能够打开。在移动通讯终端产业过去五六年大调整中，波导、熊猫、南方高科、科健等一大批通讯企业不见了，但 TCL 通讯能够继续存活下来，而且今年的趋势很好，为什么？很重要的原因是我们的国际化能力建立起来了，这项能力使我们通讯的国际业务获得了成功，使我们企业从低谷里走出来了。

另外，我们的产业能力也建立起来了，我们在中国、波兰、墨西哥、泰国、越南等国家拥有近 20 个制造加工基地，这样我们就可以有效规避欧洲北美对中国产品的贸易壁垒。因为欧洲彩电进口设得门槛高，美国虽然是关税比较低，但前两年还对我们的产品征收反倾销税，因此欧美地区有许多壁垒，但如果产业在关税区里，就不会受壁垒影响。这种国际化能力的建立，是往年我们努力奠定的基础，也是我们付出巨大代价而形成的能力。

今天，虽然我们国际化业务总体带来的收益和我们最初的期待存在差距，但是我们已经具备了这样的基础，相对于其他中国企业，TCL 未来可能在全球化和持续运营方面会有更好的机会。

《鹰的重生》让我们重燃激情

TCL 在危机面前咬牙坚持住了，产品的创新能力也在不断地上升。但如果我们自己，特别是作为企业领导人的我，如果我们有更好的训练和更好的经验，我们做的角色应该会更好，经历的困难、挫折和损失也许会小一点。那国际化并购这件事到底该不该做？今天来看，我们认为是应该做的，但如果要我再做一遍，肯定比原来做得好。我和我们的团队原来没有这种经验，所以付出代价确实难以避免。如果我们当时决策能够做得更好一点，代价应该可以小一点，现在回想起来有许多决策可以做得更好。

后来我们写了一篇战略管理经营的反思文章——《鹰的重生》，当时是在 TCL 内部网上向全体员工来发布的。《鹰的重生》系列文章不是我一个人的思想观念。在 2005 年时，我们遭遇了国际化重大挫折，我自己的压力也比较大，我也比较困惑，那时一直在想怎么走出来。我一个人想不明白，就让大家一块想。所以从 2005 年第四季度开始，我们连续开了五六场的务虚会，大概有 20 个公司高管参加，每月一次两天封闭式讨论：到底哪些事没有做好，应该怎么做？

经过这接近五个月的反复总结，大家对怎么面对和解决经营上的困难和挑战，如何渡过这个危机，形成了一些共识和看法。简单来讲，这场危机对我们企业来说，直接的诱因是大跨度的国际化带来了经营新挑战，加之我们的准备不足。同时，整个事件的本身又暴露了我们企业存在的许多问题，包括深层次的问题。只是这些问题在企业经营顺畅的时候，没有表现出来，在企业经营危机的时候，就非常明显地表现出来了。所以，这些问题不能完全归咎于国际化，而应该在企业内部文化核心里找原因和解决方式。所以这个《鹰的重生》系列文章是我们团队的集体智慧结晶，写这个系列文章的时候，我们打算在内部做沟通，开展企业的文化创新活动。当时我确实没有想到外界会那么关注，我们也没有在外面发表，但文章传出去之后反响很大。

在系列文章之后，我们也组织一系列活动。包括延安行，我们高管团队有 150 人到延安、黄帝陵活动，在相对独立和脱离日常业务的空间讨论。在此之后，我们正式启动精英工程，为公司企业长远发展，每年培养一百位中层管理干部，在企业内部设定一个一年期的课程。这也是在危机之后启动的，都是我们考虑如何渡过危机，借危机而解决危机的过程，建立企业持续发展的能力。让企业的文化、企业的精神有一次更好地完善和深化。

鹰的重生企业文化价值的讨论，对于企业文化的进一步完善和提高起到了重要作用。从 2006 年的经营数据来讲，当时还是非常困难。在那个时候通过这个讨论，大家对企业的发展战略目标重新凝聚共识，一致认为我们国际化战略没有错，我们的目标没有错，我们做这个事不但对企业发展有利，也为中国经济持续发展，为中国企业的国际化开路做了贡献。所以才能形成讨论共识，让大家减少挫败感、增强信心、重燃激情。

这次文化创新的讨论，对企业在 2007 年整个扭亏和提高企业竞争力方面起到了积极作用。

中国一定要有自己的液晶面板厂

在亚布力论坛大理峰会的演讲上，我提到了 8.5 代面板建设。从项目本身来说，这个项目投资对 TCL 企业自身价值是毋庸置疑的。在 TCL 的媒体、通讯、家电三个主要业务中，彩电是我们最大的业务，占据我们销售收入的一半。

我们看看过往 10 年全球彩电产业的转型，从显像管转向平板电视，在这个转型过程中，整个产业格局发生了巨大变化。先来看中国企业和外资企业在中国市场的变化：上世纪 90 年代，中国由于建立起了显像管以及一系列基础彩电工业的技术能力，使得中国彩电企业在 90 年代逐步提高了市场份额；到 2000 年的时候，中国彩电在国内市场已经占到绝对领先的优势，这个优势一直持续到 2004 年；在 2003 年、2004 年时，世界市场的趋势是显像管电视开始向平板电视产业转型，而中国市场在 2007 年才开始引入平板电视，市场大量引进液晶电视。这样，市场份额就发生了变化。这时，国外品牌整体市场份额在快速地增长，最高点时，他们曾经达到50％以上，我们国内品牌的市场份额从90年代的20％提升到2000年的85％，外资品牌仅占15％，后来他们利用液晶面板产业转型的机会，又把份额恢复到50％。

为什么会这样？有技术的原因。从外资品牌整体来看，他们有这种产业链的垂直整合，所以有面板生产能力的品牌在过去五六年内份额上涨很快，包括韩国三星、LG，日本的夏普、松下，而原来在这方面有投资的飞利浦、东芝、日立、三洋，东芝因后来的投入力度不大，他们的市场份额总体在下降。这说明，中国彩电企业要想在未来新的平板彩电产业竞争中取得竞争优势，必须有自己的液晶面板生产能力和产业链垂直整合能力。不一定是要每个彩电厂自己建立液晶面板厂，但是中国一定要有自己的液晶面板生产厂，这个判断是肯定正确的。

在行业内，比如三星、LG、索尼、夏普等排前五名的企业都有自己的面板厂，日立和三洋没有面板厂，份额就下去了，日本的二线品牌份额在这里面表现不明显。飞利浦早年有投资，但上市以后把份额卖掉了，退出了前端领域，因此它的份额也在下降。

这就和以前整个产业的竞争方式不同了，这个彩电更新换代的转型过程改变了竞争的规则，这在业界是有共识的。整个中国企业为什么份额下降了呢？因为中国企业没有液晶面板。那我们有多少价值转给了三星等厂商？一般来说，液晶面板占彩电成本30％、40％，如果加上模组的话，占了70％。因为模组是由许多零件配在一起，装成一个模组加上面板占整机成本70％多，所以我们买模组的话，一台电视机是70％的成本给国外厂商。

模组做好了以后，我们从外面就能少买一点，所以这块一定要做。从彩电产业来说，我们想做成具有全球竞争力的产品，那我们一定要强化这方面的竞争力。当然要从许多方面去努力，其中基础零部件的能力是必需的。在我们考虑做液晶面板的时候，国内没有其他的企业在做，如果有技术型企业已经在做了，或许我的决定会不一样，因为只要有中国企业做，我觉得我们的问题就不大，那我们就做模组就可以。所以，开始时我们就想做模组，但做了模组以后发现还是不行，那就下定决心做面板。

作为企业的 CEO，一定要把企业的经营效益作为我最重要的责任之一。但是作为企业家，不能只考虑企业的短期利益，一定要兼顾产业和社会的长远利益。一定要从整个产业发展考虑，考虑长期的战略利益，企业才能持续发展。另外，不能单纯考虑企业利益，还要考虑社会责任。

我们正在缩小与世界一流公司间的差距

目前来看，我们中国的消费类电子企业与世界上一流的消费类电子企业之间，依然存在差距。这个差距在过去的三十年里不断缩小。早年我们做企业是抬起头来也看不太明白，我 1987 年第一次去欧洲访问飞利浦，当时看到飞利浦的工厂时，真的是抬头起来看不到顶的感觉。

当时看到飞利浦总部和索尼联合做的激光实验室，我感觉人家超越我们太多了，心里也疑惑我们什么时候才能赶上他们。到今天为止，我认为仍然有差距，但已经能够基本看清楚差距在什么地方，怎样才能有机会赶上他们。现在能够看清楚，不再是巨人和矮子的差距。另外，对方对我们也有所忌讳了。当初他们把我们当作小学生，为什么飞利浦要在中国办厂？由他们控股，我们当小股东，配合他们做好各方面的服务工作，是为了让我们看看他们是如何管理的。当时他们并不认为我们会成为他们的竞

争者，但现在不同。现在国外同行把包括 TCL 在内的国内比较成功的企业，看作是潜在的且具有威胁的竞争对手。因为在许多领域我们已经能够与他们角力了，偶尔我们也能够打赢若干仗，这个差距在不断缩小。

我们与国外企业的差距在哪里？

第一，整体规模和实力的差距。以企业的经营规模和资本规模来说，中国企业和国外企业现在还有近一个数量级的差距，拿我们电子百强企业的前十名与全球前十名企业平均相比，在销售规模、资本金、盈利能力等方面，仍接近一个数量级的差距。我没有讲过我们要超越三星，我们只是把三星当做标杆去学习。三星去年盈利过百亿美元，而去年中国最好的电子企业恐怕也没有超过 10 亿美元的，所以，整体实力差距目前还较大。

第二，基础技术能力方面的差距。简单来说是产品技术上与国外大公司之间有差距，这个说法让许多中国企业不服气，我们也是如此。目前，在终端产品方面的差距并不明显，三星能够做出的产品，我们也能做出。在国际市场上竞争的时候，大家各有所得，有各自的市场客户。其实，并不是我们的产品技术不如他们，但从整个产业链的基础核心能力来说，我们的产业链垂直整合能力确实不如他们。

东芝有自己的半导体公司、自己的液晶模组，但东芝现在大的不做，在享安逸。但三星就很典型，液晶面板、半导体、软件等等，整个产业链的主要部分他们都有能力做，所以三星的盈利能力就很高，技术创新的基础很扎实。

总之，我们的整体规模和产业基础核心技术能力与国外大公司相比，差距仍较大，这需要一定的时间来改变。另外，中国工业的投资回报率不高，也和整个产业结构不够强有关系。企业不能靠国家给钱来做，但国家应该在经济体制或政策法规方面进行制定或调整，以帮助国内的工业制造业完成积累。

第三，国际经营能力的差距。外国这些公司起步比我们早，他们已经完成了国际化的进程。这 20 年，我一直看着韩国企业是如何完成国际化的。在 1990 年代初期，韩国品牌在海外没有很高的知名度，当时还没有中国品牌。我们做代工的时候，韩国品牌刚开始走向世界，当时在香港买一个韩国冰箱，比日本冰箱便宜40％，因为不搞低价就卖不出去。经过十几年的发展，现在三星的产品价格并不比日本品牌同类产品的价格低，所以其盈利能力强，三星国际化经营能力的提升，使国际营销、品牌定位都能够达到国际领先水平。

现在三星在韩国企业中是很成功的，大部分的三星电子产品定价和日本高档品牌相比，如松下，他们的定价是同一个水平线上的。三星的品牌价格早就超过了三洋，这就是他们国际化成功一个很重要的标志。

我们是否还能追上世界一流的消费电子产品公司？当然可以，因为我们虽然与之存在差距，但差距在逐步缩小的。再有10年、20年我们就可能追上去了。可能在我担任CEO期间，还达不到这个目标，但我的后任们一定可以达到。中国现在只是经济大国，还不是强国，未来中国一定要成为全球经济强国，要成为强国，就一定要在主要产业领域有一批具备国际竞争力的世界级企业。我认为这个目标是一定能够达到的，在中国大的经济发展机会平台上一定能够做到。问题在于，我们需要花费多长时间做到。另外，在这个过程中有些企业可以做到，有些企业会被淘汰下去，所以，我们需要保证自己成为成功的那个。

中国企业要想追赶世界一流公司，外部能够调动的资源很多，我现在困惑的是产业环境问题。对于中国工业制造业来讲，整个产业的环境还需要再改善，如果没有更好的产业环境，在这一轮博弈中，中国工业企业会比较艰难。

讲点题外话，由于我们在一部分领域里取得了优势，比如中国的移动通讯服务业比较成功，我们认为这个体系已经做得很好了，不比日本的DoCoMo和欧洲的沃达丰做的差，我们中石油也很成功，不比壳牌差。但是这些企业都有一定的业务垄断特质。在放开的充分竞争领域，却找不到成功的案例。短短20年，中国已经有企业成长为与世界领先企业较劲的企业。在我们这个领域，联想、海尔很成功，TCL也是成功者之一。但是这些中国最领先的企业与国际大企业还是有差距。刚才我讲了三点差距，除了我们发展时间较短的原因之外，其实也和整个国内经济环境，以及对工业制造业的资源倾斜和支持力度不够有关系。但在市场经济管理做法方面，我看不到有太具体的方针政策来改变目前的状况，可能在相当一段时间更多是靠企业自身设法聚合资源解决问题。

我们能够调动的内部资源是：加强自身的学习积累，用更开放的心态整合内部资源。比如，我们要加快发展的话，不一定要自己一步步去投资，可能会做一些资产重组，加快建设。作为外部来说，我能够想到的东西不是很多，方向就是调整商业的短板、整体的规模实力。那么，我们要第一，改善资源能力、盈利能力；第二，提升基础技术能力，产业链整合能力；第三，提升国际化经营的能力，围绕这三块短板来加强。为什么我最近下这么大的决心投8.5代面板，就是在核心竞争力方面下大功夫。

我对于团队的国际化经营能力充满了信心。但我不认为现在团队已经很强了，我们一定要有一个开放的心态，因为企业在营造平台之后，团队能力还会不断提升和加强。这个能力不可能在学校培养出来，一定要在实战中练出来，练就需要平台，平台就是这些海外市场，有欧洲的业务才能培养出欧洲的业务专家，有北美的业务才能积累这方面的经验。

平衡生态才能做好企业

20年后，中国工商业文明是什么样的状况？我试着自己去理解，从企业家如何看待自己、如何期待未来的经营环境的角度。我们中国企业家论坛民营企业家成员很多，也有一部分是国有背景的，比如像任总（任志强）所在的华远，就是比较另类的国企。华远是在市场竞争中成长起来的国企，并没有借助太多国家政府的垄断资源，要自己找饭吃，自己应对各种困难和挑战。所以我们这个企业家群体，大家对于竞争环境、经济体制改革或社会体制改革都有自己的期待。我也不例外。但我认为企业家考虑这些问题时，可能需要从整个社会的生态角度，才能够更加和谐地持续发展。和谐讲的是社会的公平合理，在这种环境架构之下，我们不能过分地强调某一方面的诉求和利益，一定要平衡好整个环境中各方的利益，这样的经济社会才能够健康地持续地发展。

作为企业家来说，大家对目前经营环境的意见比较多。特别在企业家群体沟通中，大家讨论得比较多，这种话题比较容易引起共鸣。企业家的社会责任、企业家的成功对社会的回报、企业家的感恩心态和企业家对企业员工的责任，这些方面是要平衡的。如果在企业发展当中，企业领导者不能把这些问题处理好，企业很难持续发展。其他行业我不了解，但在工业企业里，我非常坚定这种观点，一个唯利是图、只考虑自身利益的企业家很难把企业持续做好。也许其他产业不一样，比如金融投资，都是投资人的钱，作为企业管理者就是让价值最大化，这无可厚非。但凭我自己体会的工业制造业，一定要有平衡各方去寻求和谐发展的思想境界，才能够将企业做好。

为什么 30 年来许多工业企业倒闭了？大部分是由于企业领导思想太过狭隘，考虑自身利益太多。企业是社会组织的一部分，企业对社会有贡献，社会体系也给企业提供机会，所以企业要承担各种相应的社会责任。工业企业的发展要靠每个团队、每个员工，不像金融投资企业那样，巴菲特一个人就可以把企业价值最大化，而在工业企业中，就算一个人再厉害，也不可能做到这点，还是要靠不断投入和对员工的不断关注。

在考虑商业文明、企业家精神时，如果更多地从工业制造业的角度考虑的话，这里应该存在一个平衡，不能过于偏颇。我认为我的看法在工业制造业中应该是共识，所以在参加工业企业和更广泛领域的讨论时，观点和侧重点还是有差别，而且差别较明显。

（改编自《亚布力观点》2010 年 11 月刊）

白领时装有限公司董事长

苗鸿冰：
人们的目标是追求幸福感

什么是幸福的感觉

我这两年一直在研究"幸福感"。我下海有十六七年了，这些年为了做一些事情，为了做一个品牌，一直努力着。但当你做完以后，终有一天会恍然大悟你做事情到底为了什么。冷静下来想一想，是为了追求幸福。追求幸福可能是为了自己的幸福，也可能是为了别人的幸福。

比如顾客有幸福感要求，他要满足自己对幸福的渴望和追求。我们做的事情一定要满足他的幸福感要求，顾客幸福了，我们就幸福了，这是我最近一直思考的问题。

还有社会的幸福，家人、朋友的幸福，以及他身边所有人包括企业员工和团队的幸福。其实，如果你做了一件事情让某个人幸福之后，由此可能带来家庭、朋友、企业以及整个社会的幸福。如果所有人在社会上过得很幸福，那么大家都会非常开心。我每天都在琢磨这件事情。

2008年汶川地震之后，有一次我参加某个会议，会上有个领导说："人们工作做事的目的是什么，其实是追求一种感觉。"我当时把这句话记下来了。"追求一种感觉"，这种感觉是什么？正是因为汶川大地震这一特殊事件的发生，让很多人对自己的生命进行了重新定义。我认为这种感觉可能就是追求一种幸福——家庭的幸福、社会安定的幸福、事业成功的幸福，包括人与人之间和谐的幸福。

从我们这个行业来讲，能够更近距离地去为人的幸福做一件事，时尚产品可能是让人幸福的一种更特殊贴切的商品，因为它能马上让人感到幸福。比如一个女孩子到商场购物或欣赏，她当时就能很快乐，产生幸福感。住房也一定能让人产生幸福感，但是这种幸福感需要时间积累，到了一定程度才能完成实现幸福的过程，而随着实现过程的时间拉长，幸福感会减弱。比如，我不可能对着一个新房子一直那么开心。咱们都有这样的经验，有新房子之后，你可能带朋友去做客，你最开心的事情是把你的创意设计展示给大家。这时候你会兴高采烈，沉浸在一种幸福的感觉中。但一段时间之后，幸福感会递减，这种很大的成本换回来的幸福，会随着时间递减。很多人会说，8年之内一定会换一个新房子来挑战自己。但时尚产品是能够马上转换的，花一笔小钱，就能让人立刻产生幸福感。这种幸福感会持续一段时间，之后再花一笔小钱（跟买房子的钱相比这是一笔小钱），这样幸福感会一直持续。所以很多女人总觉得自己缺一件衣服，其实是缺一种幸福的感受，她无时无刻不在寻求这种刺激。而这种刺激带给她一种启发，这种启发用在工作上或其他任何地方都会对她有帮助。因为这样一件小东西，在她工作时感到很开心。人开心了，创造力是无限的。

两次突发事件让我更加注重“幸福感”

“幸福感”在我的潜意识当中很早就存在了。可能是与我这些年遇到的突发性事件有关，如果没有突发性事件是不可能这么刻骨铭心的。几年前，有一次滑雪时我的腿被摔骨折了，现在走路时还能看出有些不灵便，目前正在逐步康复。这件事之后，我让自己冷静下来，在此前的十几年，你可能一直在玩命，在不停做事情。其实不光是我自己，现在很多中国企业家都在拿命做事情。一直在玩命做事情的人，忽然有一个突发事件让你突然间慢下来，你一定会开始思考。2007 年，我的腿摔坏了，伤筋动骨真是 100 天，这 3 个月，特别是最初的一个月躺在床上的时间多一些，想的问题也很多，比如，拼命去做事是为了什么，自己追求的到底是什么，很多想法发生了一个质的变化。

两年之后，又来了一次突然的大变化。从某次企业家的活动回来之后，大概是六一儿童节那天，我的心脏突然不舒服。因为自己身体一直很强壮，不知道心脏有什么问题。但我比较警觉，就到医院做了心电图，医生说心脏没问题，可能是胃的问题，出差两天可能吃得不好。回到家以后，吃过饭，大概晚上 8 点多钟，坐一会儿就疼一下，疼一下我就吃一片胃药。大概吃了八片咀嚼片，但还是感觉疼，就不管它去睡觉了。大概晚上 10 点 10 分，突然把我憋醒了。我从来没有过这种经历，怀疑是不是吃的不合适，就下床走走。后来浑身冒汗，我觉得不对劲，就去了医院，检查结果是冠心病，就是心肌梗塞的开始。

去医院之后，正好心血管的主任医生还在，就给我推进手术室，直接推导心血管做支架。其实刚开始我没觉得特别害怕，但那个主任说：“你知道胡耀邦、侯耀文、马季怎么去世的吗？跟你的病症一样，只不过你很聪明，你及时就医了。”

它给我的启发是什么？过去，我们很多人都不在乎自己的身体健康，有时候因为社会竞争激烈，我们常常为了事业或其他事物而忽略了自己的感受。还有，我们有时候总认为自己很健康，因为没有主动了解过那些疾病信息，所以就失去了对它的判断。

这两次突发事件给了我一些感受：第一，当你判断不清身体出了什么毛病时一定要往心脏上想，因为只有心脏问题是会让人的生命立刻受到威胁。第二，不管什么时候身体不舒服，一定要去医院。这是我的切身体会，在很多场合我都讲过，大家一定要注意，否则后果不堪设想。第三个，我们应该把自己的切身体会通过各种渠道传递给那些对自己健康不在乎的人，让他知道，有一天身体不舒服的时候，要警觉。

这两件事情发生之后，我觉得自己在很多方面都有了一些变化。我会非常注意自己的身体，遇见不开心的事情也不要生气，我会提醒自己这些。这些东西可能是中国企业家面临的很危险的事，身体的问题是我们可以自己控制和掌握的。

有时候需要把这些经历说出来，让更多的人体会到。但大家都觉得这是一个痛点，一般都不说，还有很多人好了伤疤忘了疼。其实经营一个企业，和经营自己是一样的。你时刻在提醒企业要怎么做，时刻要提醒自己该怎么做。我们这些有经历的人说给大家听，说的过程就是在提醒大家。

现在我开始拿出一些时间来照顾自己，原来基本是忘我无我，现在是有我，我会拿出时间考虑自己。从工作角度来讲，有时候面对压力的时候很较劲，不服输，我们企业精神叫勇夺第一，这勇夺第一能害死人。从好的方面讲是积极向上的价值体系，但是后来一想，勇夺第一就是你总想当第一。你能否面对这种不是第一的状况？有时压力很大，你自己在较劲，企业也在较劲，团队也很辛苦。经过这些事之后，我认为可以适当放松一下，不是让企业不发展，而是在某些时候某些地方稍微停顿一下。王石的一次演讲，让我特有感触。他说，歇一歇，让灵魂跟上你的脚步。从企业角度来讲，你允许企业歇一歇，让你的灵魂和脚步同步进行，不要走上了岔道还不知道，那就麻烦了。

勇夺第一在创业阶段，这个竞争策略是非常有价值的。原来我们考虑的也不是永远，因为我们知道从辩证法来讲不可能永远，但我们要有勇敢夺第一的想法。现在，我认为企业要歇一会儿也没关系。原先做事的时候，可能考虑更高的效益，但现在效益可能不是第一位追求了。

其实作为企业家，有时候是贪婪的。他既要外在的，也需要内在的，只是阶段不同。刚开始创业时，以事业为重的企业家，他一定很在乎外在的鲜花掌声，因为这会激励他的斗志和创新力。因为企业家需要激励，有时候鲜花和掌声是激励他们创新和发展的原动力。但到一定程度以后，我坚定地相信任何人都会回归，都会回到自我。最真的感觉是自我的感觉，是自我的心理感受和自己对幸福的理解，以及真正想要得到的东西，这是来自内心深处的。内心深处的东西有时候是说不清楚的感觉，无法用语言表达，我的幸福感觉是什么？很难说明白。

企业家需要这两种幸福。一个外在的，激励他的斗志和创新力。但在他成功的时候，在鲜花掌声的背后，企业家往往是孤独的。因此，还需要一个内在的，内心的感受也很重要，支撑他能够走得更远。站在企业家和媒体人的角度来讲，企业家的幸福指数总体是高的。但为什么有时候企业家的幸福指数会下降？这里有很多原因，因为自己对幸福追求的标准在不断变化。比如，原来企业拥有这样的规模就是一件幸福的事情，到后来他发现企业还可以做得更大，这是一个自我感觉。当然，有时整体大环境也是影响企业家幸福感的重要因素。比如经济危机、政策的调整等。企业家什么时候最幸福？当他的创造力能够充分发挥的时候，他绝对是最幸福的，他可以奋不顾身。但有时创造力往往受到很多制约，他就会觉得不幸福。其实有时候不是因为赚了多少钱，现在把钱当作幸福指数的企业家不多了，成功的企业家一定不把钱当事。企业家觉得不幸福时，可能只是他的创新力没有得到充分发挥。本来他可以做很多事情，但因为条件的制约，他做不了那么多事，很多事情并不是按他的想象发展。

另外，对于慈善和公益，我认为企业家并不是慈善家。企业家要把自己看清楚，自己更重要的工作是做好企业，在把企业做好的同时，在精力和条件允许的情况下，去做慈善是一件非常好的事。如果我现在不考虑企业的事，只考虑慈善的事，那也不算是一名合格的企业家。我不会因为这件事而调整企业和慈善之间的比例关系。因为我曾经受过伤，一些事情就会让我产生连锁反应。比如汶川地震，我对死亡马上有一种反应，就是要为此做一些事情，比过去更积极了。是因为自己对死亡有过感触，那在做慈善救助的时候就没有太多的犹豫或迟缓。我们那年捐款，第一次在企业家俱乐部捐，紧接着在亚布力论坛又捐，然后又跑到东城区主动捐款。当时的氛围下，大家都愿意在其中发挥一些作用，只要是自己能做到的，该捐就捐。

还有，当自己经历过这些事情之后，就能体会到生命的脆弱。很多年前可能不太理解人的一生很短暂，但经过这些事情之后就能够大彻大悟了。很奇怪的这种感觉，比如我，一不留神就 50 岁了，再一不留神生命就结束了。有这种感受我一直没说过，我每次看到一些老朋友，都感觉大家在变，神态在变老，形态在变老，皮肤在变老，变老是一种自然规律，但是传递出了很多东西，提醒我们要注意自己的变化。

要善于挠人心头的幸福扳机

我们这个行业更需要性格很纯真，像小孩一样，眼睛很通透，所看出的东西真的会很美。我们这个行业，所创造的东西不光是生意。我一直在想，当一个人把理想和爱好统一起来那就太伟大了，所以我选择的行业就是尽可能地让自己的理想和爱好统一。理想是做这件事情，爱好在这里也能得到淋漓尽致地发挥。加上自己富有童心，用通透的眼睛去看世界，当捕捉到某种东西的时候，就把它变成我们的时装。当把这件时装呈现给别人的时候当然也需要纯真，如果其中夹杂很多乱七八糟的东西，别人没道理接受和喜欢它。时尚需要很纯真，它不能很商业。如果把时尚做成商业行为的话，那就不是时尚了。时尚是纯粹的，因为只有最纯粹的东西，人们在接受的时候才会感到很开心。为什么我们一直在谈幸福感营销的话题，其实这是挠到人们心里最柔软的地方了。柔软的地方其实人人都有，包括再强悍的领导和企业家。你通过这点去挠人家心头最柔软的地方，挠准了就行了。

我最喜欢做的事，最有能力和感觉能做的事就是发现别人要什么，有时候他想要的东西说不出来。比如有时顾客说的不准确，就要通过你的判断，通过你和团队的努力做成一个东西，当这个东西摆在他面前时，他发现这就是他想要的东西，这种过程很让人开心。我很在乎客人的表情和眼神，他的表情和眼神充满了对你的认同。所以我经常去看，亲身体验顾客是怎么反应的。

我最了解的是35岁以上到50岁这个年龄段的顾客。他们事业有成，对美的追求非常稳定，不会轻易变化，而且家庭的负担在持续减少。这时候，他们会很在乎自己的感受。人在40岁之前不在乎自己，甚至严格来讲45岁以前都不是为自己活的，只有45岁以后才开始为自己活。这时候人们的幸福点一定是要被别人关注，被人呵护，并且能够注意小心地满足她许多东西。

这时候我们就来了。到40岁以后，女人还能够引起别人关注的地方不多了，如果有一个人、一个品牌，或一批人在关注她、为她塑造自己，我觉得她会非常幸福。她们不像年轻人，可以无所谓的浪费岁月、挥霍大把的钱，有大把的青春。40岁以后的人没有太多的时间让自己浪费了，她很珍惜生活中的每一天，而且追求品质感，不会轻易买一个东西，不会轻易发生变化，她会对一个东西保持稳定的关注。这个年龄段的顾客反而是很好服务的。原本时尚行业，每天像坐过山车一样。而我不擅长做这个事，我还是喜欢研究稳定的那群人，那群人的衣着有几个特点，她也一定要时尚元素，但绝对不能过度时尚。而且衣服穿起来一定要让自己显得很瘦，尽管她的身材已经变得无法再瘦了，但她要这种瘦下来的感觉。甚至她在穿衣服的时候不去考虑人体的健康问题，一定要塞进去，让它绷着，她就觉得很美，这是她们一种美的需求。还有，这些人基本上是成功的人士，经常会参加一些企业家论坛，省市政府领导、中央领导的接见，有镜头的需求。到这个年龄段成功以后，有镜头需求，在镜头下的感觉是不一样的。

我们还有一群顾客是男人，不是女人。每一个男人心目中一定有对女人的要求，他会按照自己的要求来打扮他的女人。他买东西不是太太喜欢，而是希望她穿上是梦想中的样子。我们的衣服经常有些是先生给太太买回去，这也是我们一个很重要的特点——有时候自己的美不是自己掌握的，是被别人附加的，是她的先生送给她的。

我们的顾客群里还有一些是送礼的，送给领导或企业家朋友，送礼时如果送一个太有名的品牌，那会对接受礼物的人造成一种负担。但像白领这样的品牌绝对是一个极好的送礼选择，为什么？第一，没有非常明显的品牌 logo，中国人对这个有经验，刚开始不知道，要穿带有明显 logo 的大品牌，现在都明白了，不能这样。而白领的品牌 Logo 不太明显，属于不张扬的定位。第二，价值绝对不比别人差，不光是衣服，包括手袋、鞋子等。第三，白领是一个地道的中国品牌，接受礼物的人有爱国情结，这也是顾客群的特点。

年轻人的特点是对时尚捕捉的来源很多，今天这样，明天那样，很不稳定，很难服务。另外，这些人是价格敏感型的群体，没有那么强的支付能力。不像 40 岁左右的顾客群，她的支付能力绝对没有问题，甚至有时候不需要自己支付，有人帮她支付。有时候我们也会碰到这样的客人，一个成功男士带一个小朋友来买我们的衣服。送完之后，小朋友会拿过来退掉换钱，这也是这个年龄段的特点。

时尚行业靠的是话语权

在中国服装的论坛上，可以看到很多大型服装企业，比如雅戈尔、杉杉，美特斯邦威也很大，还是上市公司，比如 H&M 等都是他们很重要的竞争对手。另外，这些年中国也出现了一些高端品牌。比如，女装里的白领，男装也有许多，包括内衣等，都有许多大型品牌出现。

这些品牌创作的手法与以往的小门店不同，现在的大型服装品牌强调的是品牌的定位、品牌倡导的精神和品牌未来的发展。还有，大家强调的是时尚行业的话语权。这个话语权不是我们自己说出来的。时尚行业的话语权是在市场中拿人民币投出来的。看品牌在市场的话语权，就要看这个品牌店的位置，位置非常好的一定是时尚话语权很强的品牌。

现在许多城市的商场会邀请某些大品牌进入，比如路易威登和古琦这样的品牌，也许商场花钱，也不一定能够请来。白领目前在中国应该这样做。中国在时尚行业里有许多品牌，但拥有高端地位的品牌不多，这需要捍卫。中国女装品牌级别不多，白领还是特例。我们现在在商场的地位与进口大牌子的感觉是一样的，要拿出那个劲来。如果拿不出来的话，那连谈也不要谈，也不要想与我们见面。这是第一梯队的品牌，白领要与国际品牌放在一起。第二梯队大概有十几个品牌。在全中国任何一个商场，一定有这十几个品牌。

在第一梯队的国内品牌不多。我实话实说，能够达到与白领等同地位的，中国市场上基本没有，与阿玛尼等是一个级别的，中国只有一个品牌，就是白领，这是一个圈层，再一个圈层比如玛丝菲尔，这也是很有实力、很有影响力的话语权品牌，也是商场很需要的品牌。许多的百货公司一定有这个品牌在。我们在市场扩张问题上比较慎重，我们不会把自己弄成谁都能买的大众品牌。

要比较时尚企业的地位，不是规模要有多大，销售额有多少亿，而是看你在时尚行业的地位和话语权有多大。路易威登话语权大，业绩也不差，影响力很大，但是规模不一定很大。许多高端公司一定愿意与这些品牌合作。像昆明与我们接触了许多年，我们也没有做，为什么？目前一定不能做，因为它还没有发展到让白领应该进入的时候。

现在大家对品牌的了解不是特别全面，我们行业内部有一些品牌在世界上不属于一流品牌，只是国外比较好的品牌，因为进入中国早一些，中国人大多都知道，大家就认为那是世界上最好的品牌，其实不是。贵阳这个城市，许多大品牌都没有进入，都在观察阶段。

白领的门店全中国加起来是 41 家店，大多分布在省会城市，北京的门店最多，郑州我们曾经接触了 10 年也没有进入，这次一说白领要进驻，郑州那边特别高兴。中国一线品牌白领进入郑州，他们就帮我们做了广告，不用自己推广。

影响我一生的三个人

第一个人是张秉贵。我们小时候的百货大楼全中国人民都能去，那时有一个我认为很伟大的人物，就是张秉贵。我是他的粉丝，他的墓地我也去过。他的绝活是"一抓准"，因为小时候不信，我就去买东西试试，结果发现真的是一抓准，比如买糖之类的，他一抓就准，0.5 公斤就 0.5 公斤，50 克就 50 克。当时我觉得太神奇了！他的动作很流畅，就像杂技表演一样，那就是行为艺术。老商业讲究一问二看，他一边给前边的人拿货物，打着招呼，还要关照后面的人，卖东西的速度很快。许多人来买东西都是为了看表演。为什么做售货员是我小时候的理想？就是因为张秉贵影响了我，我认为自己应该做这件事。

影响我的第二个人是阿信，是日本电视剧里的人物，那时我上大学，学校食堂里有一个电视就不错了，电视里在放阿信，我天天都会看。阿信给我的最大感受是，她的创业过程和奋斗精神很值得人学习。她刚开始是卖鱼，鱼卖不掉就卖鱼片，这与做企业是一样的。先卖鱼，鱼卖不掉就做成鱼片，鱼片卖不掉，就开超市、连锁超市，这就是现在的商业渠道。阿信从卖鱼开始形成自己的商业渠道。这商业渠道不是一般人能够创造出来的，这是一个伟大的工作。最后变成了日本最大的百货公司八佰伴，这是一个商业的案例，这个案例影响了我，我觉得可以这样做事业。

第三个影响我的人是邓小平，说这话别人一定认为我太客套。但我们这代人绝对是受邓小平影响的，如果没有邓小平就没有现在的我。邓小平发表南方谈话时，我当时在塔里木，是中石油派出去的年轻干部。我组织党委委员学习，邓小平的两句话对我特别有影响，叫"胆子再大一些，步子再快一些"，"两手抓，两手都要硬"。让胆子再大一些，步子再快一些，我就下海了，1992 年去学习，1993 年下海。

我们都是 20 世纪 90 年代的，大家都离开了原有的国家部委，去创业了。我为什么选择创业？是张秉贵、阿信、邓小平这三个人影响了我。如果没有邓小平，我不会迈这一步。当我在石油部团委递交辞职报告时，他们说我疯了，这么年轻的干部，怎么就走了？许多人不理解。我原来在石油技校的同学里有潘石屹，那是潘石屹和冯仑在海南干，他们叫我也赶快去。但做房地产我没有那个本事，我需要选择自己擅长的事，就是做时尚类的产品，这对我最合适。我的理想是当售货员，特别希望用阿信一样的商业模式做渠道连锁。而且十五六年前，中国时尚行业没有品牌，那是一个很大的机会。而且原先的门槛比较低，一个人在广州囤一点货就可以卖了。刚开始，我有亲人在美国，我从美国把订单拿过来，最后从上海海关出去，这是我原来做的事。此后的一年，1994 年初，中美之间发生了贸易摩擦，所有去美国的东西都要配额了，纺织品也要配额了，没有配额了怎么办？我就拿回来做内销市场，因为给美国提供的产品还是比较有意思的。我记得在燕莎，我把产品拿过去给他们看，他们说有感觉，让我给他们供货。

当时我都不知道内销怎么做，产品如何供应，与商场的关系也不明白。就是因为我们的产品有特点，高端的市场需要我们，这给了我一个极大的信号，那我就回来做吧。因为国内没有做内销的，所以之后发现内销比外销市场好多了。

在内销过程中我们也经历过一些小故事。有一个绝对算是案例，当时我们最早的作品，一件定价 480 块钱的衬衫，现在 480 元也算是贵的衬衫了，但那是 16 年前，卖得不好。我突然想起一个案例——西安一个酒店里面卖仿兵马俑，定价 80 块钱，没有人要，后来这个老板一想，改成八千块钱，第二天就被卖掉了。这个案例影响了我，形成了最初的定价体系，也是品牌和价格定位。480 元既然卖得不好，我们改成 650 元，反而卖的极好。480 元是稍微大众一点的价格，大众花 480 元肯定被说成有问题。而 650 元面对的就是小众客户，小众对 650 元反映不大，反而认为这是好东西。

这时，我们的行业特征出来了，中国需要高端定位的品牌和产品。从此以后白领的定位更加明晰，我定位的就是有知识、有地位但不张扬的优雅女性。后来通过这些案例再次明确定位是优雅的高端人群。为什么是优雅？因为我们品牌的客户群定位是年龄在 40 到 60 岁的女性。我分析过，对女性最高的褒奖是说这个人很优雅，而且优雅这个词汇是任何年龄通吃的。所以我心目中定位的顾客是受过良好教育、有社会地位的优雅女士，这是真正的白领定位。这种女性性格特征非常明显，不过分张扬，但又极有个性，她不是那种演艺界的明星，她的时尚度有限度，过度了就不优雅了。她们的品牌忠实度很高，不炫耀，强调自我感受。

希望白领成为东方文化艺术的代表

时尚行业是创意性的产业，与其他行业完全不一样，其他行业可以复制，但是时尚行业无法复制，它需要感觉和灵感，还有氛围和团队。一个外人进入新团队里面时很难受，也很难进来，这个氛围决定为什么这个团队的员工就只有十几人，他的幸福感来自于在团队中的幸福感。团队幸福了，他自己会很幸福，他为什么不会轻易离开？因为他默认了这种幸福的轨迹，与这个企业共同成长。在成长的过程中，他分享了成功和痛苦，这些都是价值观高度统一的一批人，所以他的幸福感已经变成"企业的幸福就是我的幸福"，这是一个很难达到的境界。

这个行业需要这种团队，如果没有这样的团队，就很难完成市场的运作。

我们的企业文化建设总体来讲是一句话，"白领"是一本书，这是企业文化的核心内容，每个人就是这书里的一句话、一个字，或一个标点符号。我们从加入白领那天开始一定要在这本书上写好自己，这是这个价值观第一层面的需求。

在做白领的过程中，最初还是以情吸引人。比如大家都是朋友、哥们。我们原来塑造过"白领"是一个家，后来被否定了，因为现代管理过程中，企业不可能是家，要是家的话以后会有问题，因为所有人在家里面都可以使性子，而你在企业里面不能使性子，耍性子就会有问题。后来我们有现代企业制度规范，不能是把企业当成家的概念，白领就是一个企业、一个品牌、一个公司，是大家为之而奋斗的一份事业。

同时，我们还要给员工远大的理想，按照企业管理来讲这是愿景。白领的愿景是什么？希望白领成为东方文化艺术的代表。这个愿景很高很大，白领希望代表的不仅是中国，而是东方文化艺术代表，为什么？因为在时尚领域里，东方的话语权绝对不够，话语权基本让欧美垄断了，这个垄断已经持续了一百多年，现在没有任何一个地域可以替代，未来能够挑战欧美话语权的只有东方。就东方而言，中国应该是其中很重要的组成部分，我们希望成为东方文化艺术的代表，这个愿景也是鼓励大家统一往前走的一种精神。有一天让白领成为世界上与路易威登一样受人尊重的品牌，我希望所有人都是开心和骄傲的，因为这里面有每个白领员工的一份努力。

而且，在这个时尚行业里真的有机会实现这个愿景，而别的行业想要拥有机会都很难。现在中国企业在世界五百强中的也有，但时尚行业的判断不是企业规模的问题，而是话语权的问题。话语权在时尚行业能够做到，别的行业比较难做到。

在这个行业里，我们始终有一个价值观，我们在制定自己员工收入政策时，我们在招聘时就有一句话，叫"同行业最高"。这是我打出来的一句话，我们曾经绝对是同行业最高，现在觉得可能不是最高，但是绝对在中高以上。工资对员工的稳定也很重要，他们付出了很多，如果我们付出的只是中等或中下的报酬，他们可能就不会在白领工作十几年。

另外，我把竞争机制引入到分配体制里面，公司里有两种人收入最高，一种是设计师，另一种是销售。销售经理和销售人员工资最高，最低的是后勤管理部。

我们的首席设计师年薪应该在 100 万左右。艺术总监是拿年薪的，而我们与设计师之间的合作关系是这样的：比如，对于普通设计师，我们有一个激励政策——他所设计作品销售额的 1% 是奖金。这个政策在全世界是独一无二的，也是我发明的一个方法。设计师虽然很浪漫，天马行空的，但是设计师更需要落地，看别人飘到空中，但他一定要脚踏实地，怎么办？就是对设计师有激励措施，也有鞭策。如果没有业绩，就只能拿基本工资，基本工资就是几千块。

我自己不是设计师，但我在这方面也会参与。其实一个时尚品牌的核心价值就是设计和营销这两块，我一定要参与这两项。比如我的衣服都是自己参与做的，因为有时候去买别人的东西，就总觉得不是你的。特别是白领的客户群穿衣服有自己的设定，我拿自己作为练习，我可以看到设计这样的东西有多少人关注它，有多少人觉得好。而且还会产生两种可能，一种可能变成女装的元素，我衣领上水钻的设计元素是从女装中演变而来的，一般男装不会有这种设计，我发现这个东西很有意思，就让员工用这个元素做一个我来试试看。后来有许多人在关注，我们穿衣服也要看时尚。为什么？按照行业来讲我可以很时尚。

把这些设计元素变成自己的想法，就把自己的一些男装感觉变成女装感觉。因为现在有一种设计手法是女装男性的设计法，把女装按照中性的风格设计出来。许多人不需要把自己变得很女人，而是很中性，男装也可以是很中性的设计。

因为有时候男人很自信，有时自信到连自己错了也认为是对的，很难被说服。特别很多企业家，他穿了许多有名的品牌，很昂贵，但是并不适合自己。但他会因为自己很成功，所以很自信，不会听其他的意见。

把理想和爱好统一就一定能创造奇迹

我经营白领十几年以来，最想与企业家们分享的经验就是把自己的理想和爱好统一起来，你一定会创造奇迹。

如果你不爱它，虽然可能也会成功，但你会很难受，如果这两个统一了，一定会创造奇迹。

（改编自《亚布力观点》2011 年 1 月刊）

他们的认知

丁健：创建的成就感

王晓龙：我们都是职业经理人

吴鹰：我一直运气很好

徐风云：战胜对手是生命的乐趣

亚信联创集团联席董事长

丁健：
创建的成就感

关键要判断投资对象的缺陷

　　金沙江创投的投资领域主要是高科技。我个人主要专注互联网、无线和新媒体等领域。金沙江创投是为数不多的专注做早期投资的一个基金，而做早期投资不仅要对投资、金融的知识更熟悉，而且要对所投资的行业非常了解，对该行业所涉及的技术也需要有很深入的了解。

　　我们在选择投资对象时，企业最核心因素我们都要看，比如团队、商业模式、行业前景等，但不同的行业和不同的企业其优点和缺点并不一样，这时候我们就要去判断它的缺陷：第一，是不是可以弥补？第二，它对公司的影响，会不会是致命的问题？第三，它所带来的坏处与优势是否能互相抵消？我们叫"一俊遮百丑"。如果一家企业在某一方面非常有优势，其他许多方面则存在一些问题，但这些问题不至于对其产生致命影响，我们就应该给予这家企业一定的时间，让它慢慢调整。企业不可能尽善尽美，而我们所投资的早期公司就是这样，不可能完美，甚至往往有95％以上存在重大缺陷。

我们对企业发展所提供的帮助是多方面的，公司治理结构是一个比较基本的方面。一旦进入所投资的企业，专业投资人首先会对它的治理结构提出要求，比如要求治理国际化，能够在管理上采用比较先进的、高效率的管理结构，从而帮助它们少走弯路，这是做早期投资公司最基本的一项工作。除此之外，我们在许多方面为他们提供各种各样的帮助，比如公共关系、政府关系、媒体关系、市场营销、人力资源管理等等。

我们这个基金团队有一个比较特殊的地方，那就是主要合伙人都曾经自己创过业，知道创业公司在发展过程中可能遇到的问题以及最需要哪些东西，同时我也曾担任上市公司的 CEO，对正规化管理、早期公司应该是什么样子、怎样从早期公司过渡到上市公司，这个过程中会遇到什么问题、创业期间的专注和成长期的痛苦是什么等，都有清晰的认识与切身的体会，所以某一问题在别人看来可能是致命的困难，但在我们看来，可能就不那么棘手。

上面所说的几乎每个层面我们都经历过，所以至少我们知道怎么弥补，我们给创业者许多建议，甚至帮他找一些人，如果企业财务架构不够好，我们就给它推荐一个 CFO（首席财务官）；如果营销方面存在缺陷，我们就会给它推荐营销人才。

一定要有对契约精神的基本尊重

许多不擅长做早期投资的人经常容易犯的错误，就是经常会将自己的想法强加给投资对象，觉得自己是对的，对方是错的，对方不如自己专业等。这种做法，我认为并不正确。当然，对于一些特别重要的问题，比如涉及到结构、财务等方面，在签订合同的时候，就必须明确我们有否决权，也就是说凡与此相关的问题都必须经由我们同意，否则不能实施。总体上，我们很少要求对方必须做出某些更改的条款，即使我们控制了这个公司的董事会，我们也不会要求，而只是说服管理层去做正确的事情。

另外，很重要的一点是，投资人的心态一定要正确。这个公司的运营者是管理团队，他们是 king，我们最多只能算是 king—maker，我们一定要尊重企业家与创业者，因为他们才是公司的真正希望。那么，我们怎样帮助他们将这个国王做好呢？因为他们可能只是技术人员，没有任何管理经验，这种情况下，我们需要做的是帮助他们加强决策能力。我经常做一个比喻，创业公司的成长就像小孩学走路，我们不能替他走路，即使有时候看到他要摔跤，也只能让他摔，只要这摔跤不致命，比如从高高的椅子上跌下来。我们只能告诉他，用这种姿势走路会摔跤，但是，他听明白没有，我们难以掌控。有时候听懂了与自己做出来又是两个不同概念，所以，很多时候我们要有耐心，让他在摔倒与爬起之中学习与成长。而且，我不认为管理公司是一件多难的事，你看周围的企业家甚至有些只是小学毕业，但他们的学习能力很强。所以，并不是博士才能当好企业家。

当然企业管理中实践也很重要，理论知识的学习与掌握并不是唯一因素。我记得，10 年前与马云一起参加电视采访，许多投资人问马云的核心竞争力是什么？他说，阿里巴巴的核心竞争力就是失败，我只要从失败中学到东西，下一次不再失败。如果我失败得越早，可能学习得也就越快。

某种程度来讲，这种说法也是对的。我希望当我们作为风投加入之后，创业者的失败能够尽量减少，但这又是不可避免的。企业管理中很多事都是"会者不难，难者不会"。

在实际操作中，投资人和创业者的关系协调也非常重要，否则会出现两者之间不欢而散的情况。这在国内常见，但一般来讲，发生在投资人和创业者之间的不是特别多，更多地会发生在创业者与管理团队其他人之间。问题往往出现在什么地方？理念。比如创业团队中的成员经常会说，反正我们几个是好兄弟，什么事情都好办。员工会说，老板对我很好，不会亏待我，而老板也会这么说，绝不会亏待你。但这里，两个"不会亏待"的含义可能并不一样，员工觉得分给他公司的30％叫不亏待，老板则可能觉得给3％就是不亏待。所以，投资的时候，我们要求团队一定要有对契约精神的基本尊重。如果我们要进入，这些问题就必须讲清楚，而我们的进入也能让这个过程变得更容易。

为什么呢？因为在这之前，公司还没有估值，百分之多少的股份太过抽象，双方很容易谈崩。但我们介入后，首要的工作是对公司进行估值，这样公司的百分之几股份就转换成了具体的数字，双方更容易接受，即使不接受这个数额，经过讨价还价后会落实到一个双方都满意的点。许多创业企业都会出现这方面的问题，所以有时候我们会强行要求创始人拿出百分之多少分给团队，因为我们知道团队的重要性，也知道分享理念的重要性，否则很可能出现的情况是，公司成功的那天就是分崩离析的那天。

缺乏契约精神在中国可能是受传统文化的影响，中国人在朋友之间向来羞于谈钱，认为谈钱伤感情。我们要把这个观念扭过来，对于员工也是如此，我们鼓励员工跟老板谈工资待遇，这是正常的交流。但是在中国，创业者和企业家也需要了解文化上中国与外国的区别，不能利用这种文化，或者被这种文化所蒙蔽，认为员工不与你谈待遇，你就可以不涨工资。所以，我们对人力资源、市场价格等要心里有数，也一定要有共享精神，知道如何激励人，这一点非常重要。

成就感带来的快乐要远远大于金钱

LP（有限合伙人）对我们的评价是，金沙江创投现在是国内从事早期投资公司中的"TOP"。坦率地说，这是一个苦活、累活、难活。我们今天所投资的对象就是一张白纸，听他们讲故事还得天天战战兢兢，相对地炒股可能轻松很多，做晚期投资也要轻松不少，但我们就喜欢做这样的事情。我本人就属于喜欢看着一个东西从无到有，从有到成功的这一类人。我觉得，这种成就感远远大于钱所带来的回报，当然回报也很重要，但其重要性会小于前者所带来的快乐。

说实话，我最不喜欢的工作是当CEO，虽然做管理也需要有许多的创新，但终究有50％至60％的工作是重复性的管理工作。就个人而言，我希望人生之中重复性的工作最好不多于10％，找到这样的工作不容易，技术是一类，投资是一类。在这两种工作中，人每天能够接触新的概念，新的想法，而这些新的想法会促使你不停地思考，并最终将思考转化为成果，从而让人感受到思考的成就感。所以，我非常喜欢亚布力论坛的定位——思想的交流平台，在思想上进行碰撞和交流，进而得到成果，这才是最令人兴奋和受益的地方，而在这里，谈成一笔生意并没有什么太大的意义。我想，或许这也是为什么大家都愿意在亚布力论坛思考的原因。思考并不仅仅局限在名人，每一个人都有自己的思想，也有独自思考的权利，重要的是，每个人都能静下心来听别人讲述自己的思考，又愿意把你的想法与别人分享，并且能够说服别人接受你的想法。

成功人士有一个共同的特点，那就是他们有非常强烈的自主意识，不会随波逐流。当每个人都能进行批判式思考时，人们会更容易理解别人，才不会在说一个人是垃圾的时候，认为这个人说的所有话都是垃圾。每个人都有自己的优点和缺点，因此社会在面对名人时也要有这种批判精神，我们可以从他们身上学习成功之道，而对于现实中人们因为一个缺点就将曾经的成功人士拉下神坛，因为一次成功又将其奉为伟人，我们大可不必如此。我们要理解，所谓的成功人士也只是普通人一个。

前段时间我在微博上看到一个比喻，觉得挺有道理：一位美国大学教授拿着一张 20 美金钞票问在座的学生谁要，许多同学都举了手；教授又将这 20 块钱放在地上用脚使劲跺了两下，问还有谁要，举手的人数没见减少。你的人生就像教授手中的纸币一样，与是否有人踩没关系，你的价值就在那儿，并非被人踩两脚你就会失去价值。其实，反过来讲也是这样，一张白纸装裱得再漂亮，与 20 块钱放在一起，人们还是会毫不犹豫地选择后者，即使它再破再脏，如果没有价值，别人把你捧得再高也没有意义，早晚有一天会摔下来。所以，成功人士一定要确定自己的价值和定位，明白自己的成功有其成功之处，做自己该做的事情，而不随着媒体的宣传上下起伏。而对于媒体及大众的评判，我们应该采取的态度是，有则改之，无则加勉，而没有必要太认真，不能让它影响自己的心情，更不能让它影响自己的判断和准则，这非常重要。

要恰当运用"赌性"中的冒险精神

在投资领域，总体来讲，我觉得中国还处于一个供不应求的状态，特别是早期投资。与国外，尤其是美国相比，我国早期投资在整体投资人中的比例还太少，这种情况下，我们希望有更多的天使和早期投资人进来。中国的现状是，相对非理性的股市和相对不完善的监管，这造成了后期PE（私有股权）投资在股市上的回报出奇的高，后期投资也特别多，但这个现象不可能持久，因为这是由中国特定的环境造成，运气好就赶上了这个环境，但如果不分青红皂白地跳进来，结果难以想象。所以，我不觉得全民 PE 是需要大家担心的一个问题，因为它不会持久，尤其是当这个行业是一个高度专业的行业时，就如同职业高尔夫不可能全民都做。

其实，这里的问题是中国人喜欢炒，有时候会生生地将一个不值钱的东西炒起来，像大蒜、绿豆等，这种文化的赌性比较强，我不是太喜欢。我一直搞不清楚中国的股市，基本上没有人讲公司的基本面，当然这几年好多了，已经开始讲基本面，如业绩，以前只讲 K 线之类，而这些都与业绩没有关系。可是这种心态一定不挣钱吗？不一定。确实有很多人在泡沫时挣了很多钱。如果你喜欢这样赌的话，那这个环境很适合你，但如果你喜欢更加正规的市场，希望能够通过基本面，通过你的知识来获利，显然现有的环境还有待改善。

股市的目的是通过这个机制让好公司得到资金，从而鼓励更多的人做更好的公司，这对社会有一定的促进作用。但如果我们自己将这个机制搅乱了，做成赌场的样子，用吴敬琏老师的话说"还不如赌场，连规矩也没有"，那就比较麻烦了。股市这一功能的消失对国家是一种悲哀，但无法避免的是，股市之中永远有赌，美国也是这样，甚至一些很优秀的人也是如此。记得索罗斯曾经讲过一句话，许多人把股市当成市场经济的一种行为，当泡沫出现的时候就会有理性的人将泡沫挤出去，其实你错了，我们这些人看着泡沫来了，只要我们认为它没破，我们就会拼命把泡沫做大，反正大家都愿意赌，我是有知识的人，没知识的人与我赌，结果可想而知。

"赌性"中的一个重要元素是 risk taking，也就是我们所提倡的冒险精神。但这里所说的赌和赌徒的撞大运有很大不同。

第一，对投资人来讲，我们讲究高回报和高风险，而且我们的赌也永远要求回报相对于风险要对投资人极度有利。

第二，与赌场最大的不同是，资本投资冒险的结果是直接促进社会往前发展。我们投资成功会为社会创造就业、创造价值、创造新的技术、创造新的成功者，而这正是这么多年来股市、风险投资努力做的事情。其实，从资本主义最初阶段，很多科技产品如塑料、电话等产品都是由投资者、冒险者帮助制造出来的，这些都是"赌博"的结果，而做好了就能让人们享受到高科技。市场竞争与资金的冒险精神，这是资本主义的核心。当然，我并不是说中国人好赌应该提倡，而是希望国家能将这种冒险精神引导到合理的方向，而不是让大家都变成投机者。

"赌性"是全人类共同具有的一个特质，但是中国尤其厉害。这与中国做生意的文化有一定的关系，当然这两者谁在先谁在后，我不太清楚。但中国经济的高速发展与中国的冒险精神有很大联系。2001 年的世界经济论坛上，和我做同台嘉宾的 IDG 董事长麦戈文讲的一句话让我印象特别深，他说"中国人血液里流的就是资本主义"，这句话中的"资本主义"其实指的就是中国人血液中的冒险精神。资本为什么会获得马克思所说的剩余价值？其实剩余价值就来源于其承担的风险，为什么员工心甘情愿让老板获取更多的利润而不愿自己当老板？因为当老板就意味着将自己的身家性命，全部资产拿出来赌。

之后，风险投资的出现将赌的风险进行了转移与分散。曾经好好工作的人之中，出现了一批非常优秀，既有赌的想法，也有能力去赌的人，但他们却没有赌的资本。这样的情况下，我的工作就是判断出谁是适合这些条件的人，而资本能更好地发现这些人才，并与他们一起创造价值。所以，从这个角度来讲，如果能够运用机制对赌性进行合理规范，那"赌"将会是一件很好的事情，而不再是一件坏事。

国外"赌"的心态之所以不如中国强，另一个因素与宗教理念有关。在国外，由于宗教的限制，真正以"赌"的形式表现出来的东西并不多，而在中国，"赌"的外在表现更多一些。对于这种差异，我认为是缺少渠道，如果国家能开放更多的渠道，将"赌"引导到真正为社会产生动力的事情上，它所发挥的作用将不可小觑。就像水一样，如果不加引导，它就会到处乱跑，今天淹这，明天淹那。如果加以引导，它就可以发电灌溉等，为人类做贡献。这里的关键是，我们怎样去做。

宗教与和谐幸福社会

我认为，要想建设和谐社会，解决现在发展中遇到的一些问题，就应该重视宗教对人的积极作用与影响。

世界几个大的宗教，它们都是教人向善，能让人们的幸福感增强。我记得，曾经有人说过，幸福感等于你所得到的除以你想得到的，也就是说你想得到的东西越多，你的幸福感就越小。其实，宗教在很大程度上教会人们控制自己的欲望，同时学会怎样更好地帮助他人，并从帮助他人的行为中获得幸福。现实世界中，科学保证着这个公式的分子，而宗教则管理分母，所以，随着科技的飞速发展，分子越来越大，但光这样是不够的。如果人的欲望不加以约束，科技的发展永远赶不上人的欲望。最近一个环保论坛举了一个非常好的例子，本来发明 LED（发光二极管）灯是为了节能，结果人们因为 LED 灯省电，就装了很多原来根本不需要装的灯，而且让它们通宵开着，结果反而更加耗能。所以用科技发展分子的时候，更需要通过大力促进包括宗教在内的各种精神建设，来对分母进行管理，这一变化的结果是让整个社会的幸福感大幅度增加。

我觉得，即使是不相信上帝的自然科学家和无神论者，也有责任与义务去支持和鼓励宗教对人的正面影响，比如大多数宗教要求人行善，这与个人是否相信没有太大关系，而是这个社会需要它。就如这个社会需要法律、道德、价值观一样，这个社会同样需要宗教。虽然个别人会利用宗教做坏事，但坏事利用任何东西都可以做，我们不能因此就将它否定，所以，我觉得我们应该从根本上改变这种环境。当然，如果我们能发明一个比基督更理想的东西，让大家不需要创造一个神就能像基督教一样让大众接受并劝人向善，那无疑更好，但如果做不到就不应该去限制宗教的作用。宗教不仅是宗教自由的问题，站在国家和社会的角度，它对建设和谐幸福社会有很大的帮助。

虽然我至今还是一个无神论者，我喜欢哲学，对道学也情有独钟，但对所有宗教我采取的是学习态度。我认为，这几大宗教都应该被支持，因为它们的目的都是让社会更加安定，让人们更加幸福。

（改编自《亚布力观点》2011 年 5 月刊）

北京国际信托投资公司总经理

王晓龙：

我们都是职业经理人

国企领导者更应该是职业经理人

在中国，人们口中的"企业家"更多地是指民营企业而非国有企业的管理者。甚至有人提出，国有企业的领导者根本不能算是真正的企业家。

我认为，"企业家"的内涵中有很重要的特征，它是权利的象征，而对资产的确权则是定义"企业家"的前提所在。在这一限定下，人们认为国有企业没有真正的企业家，在相当大程度上是正确的。国有企业的领导者更应该是职业经理人，因为国有企业的所有者不论是国有的还是全民的，它都不可能是企业直接的所有者。多年来，我们一直在为职业管理团队争取一定股份，这正是我们为职业经理人通过代理的方式变成所有者的一部分所做出的努力与尝试。在这一点上，很多国有企业领导者的认识可能还不充分。代理方式是一种社会分工。社会越先进，专业细分就应该越普遍。作为国有企业的管理者而言，他实际上是一个职业经理人，是一个代理，代理委托人进行资产管理，并通过对资产的保值和增值来实现委托人对他提出的所有要求。

谈到关于中国企业家的建设问题，除了要帮助民营企业家快速成长，使其成为社会的一股重要力量之外，我们面临的更重要的任务是，如何尽快培养职业经理人团队。一般而言，职业经理人团队应该有操守、有知识、有能力，他们知道自己的职责是按照所有者的意愿来更好地管理受托资产，使其保值增值。因此，如果解决好了职业经理人团队培养的问题，并使其变成了一种共识，那么现在社会上的很多问题或许都可以得到比较好的解决。比如，国有企业的经营管理者不会感到委屈，他创造了财富，他也得到了应有的报酬。但现实情况并不是这样，举个例子，1997 年我在香港做北京控股的执行总裁时，当时的薪酬实行月薪制。如果按照当时香港的社会评价与标准来计算，我的月薪应该在 13 万港币左右，但实际情况是，我只拿了 1 万左右的港币。我的秘书当时是香港当地的工作人员，他的月薪则有 3 万多港币。可见国有企业管理者的薪酬倒挂是一个普遍问题，但这又道出了问题的根本，在回报上我们不能与香港的当地人进行对比，因为我们只是代理，是职业经理人。

如何对职业经理人团队进行素质的培养和教育，使他们真正成为社会的重要群体，进而忠诚地按照所有者的意愿进行资产管理就非常值得重视。资产如果管理不好，这对资产所有者，乃至整个社会都将是极大的浪费。但今天，国有企业管理者的角色错位问题严重，对这个问题的认同有失偏颇，激励手段缺乏自主性等都阻碍职业经理人团队的培养与发展。如果没有相应的制度先行，职业经理人团队就不可能有很快、很好地成长，而没有庞大的职业经理人团队的形成，整个社会现代化的建设，包括很多复杂问题的处理，甚至于一个经济实体如何按照社会游戏规则的正常运行，都将会面临很大的困难。

其实，人们如此评价国有企业的管理者，是因为很大一部分国企老总都属于"空降兵"——说来就来，说走就走，对企业的经营与发展缺乏持久性的影响。这也导致这些老总对企业难以形成很强的忠诚度。

职业经理人的形成需要一系列配套制度

我认为职业经理人的培养与形成需要一系列的制度配套。一个职业经理人团队，如何培养、如何使用、如何评价、如何激励、如何惩罚等都需要机制的支持，这其中就包括法人的任命机制。现实中，我们正处于从计划经济到市场经济的过渡时期，产权也在逐渐明晰的过程之中。在这样的情况下，如果我们仍没有将职业经理人视为一个重要的群体，有意识来加以培养，相应的配套制度也并不完善的话，那么对中国的现代化建设无疑是一个重要的缺憾。

关于职业经理人的制度，以我们的研究和思考，我觉得应该从两个层面入手。

第一个层面是对企业所有者而言的。今天已形成的社会经济制度，致使国家不会再出现退回去的可能。因此，对所有者而言，我们必须研究出一套能使职业经理人按照他的意愿，在他的框架状态下更好地发挥自己才华的机制。这个机制必须建立。在这种机制下，不管是通过什么渠道发现人才，包括各种各样的猎头公司的方式，我们都要有一种大家共同遵守的"游戏规则"，让社会承认职业经理人的贡献，使他们创造的收益能够得到客观评价。

但现实是，我们的干部制度很大层面上仍然是党管干部，这在国有企业中也有很强的痕迹。党管干部是我们的一个重要手段，如果没有这个环节，可能会出现很多问题。但如果将国有企业管理者视为干部，进而对其进行管理，这似乎有悖经济规律。对职业经理人而言，我们首先要将他从公务员团队中独立出来，将他们视为一个独立的群体，进而形成所谓的职业经理人市场。如果大量有识之人愿意当职业经理人，愿意进入这个市场，那这个效应就会很快地发挥出来。这样的环境有利于职业经理人的形成，有利于职业经理人更快地成长，进而使他们找到属于自己的社会坐标，并通过这个坐标发挥自己最大的才智。

第二个层面则是对于职业经理人自己而言。从事经济管理的职业经理人，在受托机制中的代理制条件下，他必须具备适合这个岗位的相应资质，比如学识、经验、管理手段以及思想力创新等。除此之外，职业经理人还必须调整自己的心态。比如，面对人们经常讲的剩余价值，职业经理人在做好自己的本职工作之外，不能对其有强烈的索取意愿。这是一个基本的要素，如果不具备这种素质，那就不能成为职业经理人。这或许是一个矛盾。一方面，只有对剩余价值没有诉求，职业经理人才能更好地履职，因为职业经理人的职责就是为委托人财富的最大化而努力。在这个过程中，职业经理人通过其管理的经济实体对社会所做出的贡献体现了自己的人生价值，比如解决就业、上缴税收、生产应市商品满足市场需求等。对职业经理人来讲，其最大的诉求就是按照委托人的意愿将企业管理好，实现委托人利益最大化。但是另一方面，鞭打快牛的传统文化思维发展到一定层面后又难以为继。在这样的背景下，寻找到一种能使"牛"心甘情愿长期努力的方法就变得异常重要。这里，机制的支持就成为"长治久安"的法宝。这个机制不是现在的干部考评机制，而是符合市场办法的机制。在这方面，德国、美国都有其一整套方法，核心是依靠市场的调节，依靠不同利益群体的碰撞来产生职业经理人。这个团队越大，其对整个社会的良性运营就越具有支持作用。因此，对我们而言，我们不能用现在这一套管干部的办法来管理职业经理人，只有让职业经理人的培养与发展更加符合市场的游戏规则，这个团队才能获得更大的发展，他们才能通过自己的聪明才智对其所管理的经济载体创造出更多的财富。

首先，要将国有企业管理者身份与干部身份剥离开来。现在很多国有企业的管理者在两个轨道上运行，一是所谓的行政轨道，一是经济管理轨道。这本身就存在问题，因为按道理，不同轨道上行驶的是不同的车，不同的车也就自有其不同的游戏规则和评价水平。所以，所谓的高薪与低薪都取决于整个社会的平均构成。当国有企业的领导者不是凭借所谓的垄断，而是依靠他的智慧与管理才能使整个经济载体为社会创造了更多的财富，带来了更多的社会贡献，那他理应得到跟他贡献相适应的报酬。这个报酬的实现，国外用了很多方法，包括期权。其实，他们在很多地方也跟我们遇到一样的问题，工会也反对企业高管的高薪，但他们通过制度设计使其变得合理，进而被大家认同。但在我国，因为官商不分，人们并不认同国有企业管理者的职业经理人身份，却片面认为他们都是依靠国家资源的垄断才获得了不公平的收入，这是一个误区！如果将官的身份剥离，使国有企业管理者变成纯粹的职业经理人，那么社会就只有一个评价体系，他们的报酬完全基于其对经济载体与社会的贡献。在这样的情况下，所谓的高薪问题其实只是一个伪命题。

使国有企业管理者由公务员变为职业经理人，前景非常好，但在现实中，其阻力也不小。回想 1979 年，1989 年，再到 2009 年，中国改革与发展的社会进步其实已经有了很大变化。这个变化是一个渐进过程，而不是一个突变的过程。同样，我们职业经理人团队的培育也是一个渐进的过程，任何时候我们都必须有强烈的意识。这个强烈意识就是，社会中确实有一个叫"企业职业经理人"的群体，并且这个群体是我们社会的重要组成部分,有益于整个社会的发展。当然,形成这样一种共识还需要一个过程。但我认为,大约 10 年之后,中国职业经理人团队无论是在国企、还是在民企都将发挥很大的作用。因为即使对民企而言,很现实的一个问题是很多富二代不愿意继承父辈的产业,这样的情况下,职业经理人或许就能成为解决问题的方法之一。这种庞大的社会需求,将促使职业经理人从各个角度快速成长,从而逐渐成为社会中的一个重要群体。

在社会大众心里,人们还是会将其与民营企业所聘请的职业经理人有所区分,认为国有企业享有优势。这是资源配置方式的问题,与上面职业经理人的问题不同。中国市场经济的目标是资源配置更加市场化,这是一个远大的目标,但在这个过程中考虑到国家安全,在一个阶段必然会出现一定的资源垄断。所以,将资源配置市场化问题与职业经理人的空间选择问题放在一起讨论,其实很难将问题谈清楚。我认为,随着中国经济的深度发展,与国际接轨的机会越来越多,资源配置都会尽可能走向市场化。因为市场配置资源的效率更高,配置方式更合理,它在尽可能大的范围内实现了对全人类资源的优化配置与节约。

随着资源配置的市场化,职业经理人在什么性质的企业中任职已经不重要了,重要的是他能不能在这个岗位上做到以下几点。第一,能不能通过不同的程序获得任命;第二,能不能适应现有岗位的"水土",管理好所受托的经济载体;第三,在管理的过程中不断创新,使这个载体更适合市场经济运行的需求。这也是未来对职业经理人的基本要求。当然,随着社会的变化,人的认识也在不断发生变化,随着整个资源配置市场化的程度越来越高,我相信这种比较概念化的说法会越来越少。当然,反过来讲,如果资源配置的市场化程度越来越低,乃至长期垄断,那职业经理人群体也就很难脱颖而出,两者之间相辅相成。职业经理人群体能否得到社会的认同取决于中国经济市场化发展的程度。

呆在信任业一天，就要扮演好自己的经理人角色

我进北京国际信托的第一天就知道，我们要当好委托人、受益人的守夜人。所以，一开始我就没有将自己定位成企业家，而仅是一个职业经理人。

信托行业有些特殊性，它不仅为委托人服务、为受益人服务，还要为股东服务，这就决定了它是典型的制度架构中的受托人。

信托是舶来品，是西方的东西。但它同时也是社会进步的一种产物。信托绝不仅仅等于信托公司。我国信托业的发展，从 1979 年中信问世到 2010 年，中间经历了很多的起起伏伏。最开始，人们并不知道信托是什

么，大家都将它作为一种投融资工具。特别是在当时金融完全垄断的情况下，地方政府为了打破这种垄断，纷纷成立各种信托公司，将它作为政府的投资工具和融资平台。经历几年风风火火的发展后，国家发现行政法规对信托的授权太大，使信托完全成了金融百货公司，以致异化了信托业为他人进行财富管理、资产管理、投资管理，实现委托人利益最大化的本源。所以，从 1992 年开始，国家开始对信托业进行整顿，信托公司数量从几千家变成了几百家。直至 2001 年国家《信托法》问世，中国的信托业才真正开始发展。2006 年，国家又推出新的信托公司管理办法，信托业的主营业务开始从准银行业务逐渐向信托业本源过渡。

对于信托来讲，它有其功能上的特点。第一，它可以跨市场运行。首先，可以跨货币市场和资本市场，即它可以服务货币市场，也可以服务资本市场；其次，可以跨金融市场和实业市场，就是它既可以在金融市场发行各种各样的金融工具，也可以在实业市场上进行股权类、债权类的产品设计，包括 PE 之类的投资。第二，它本身的功能可以延伸，它既可以做权益性投资，也可以做债权式产品。正是因为各种功能的集聚，才使得信托公司可以为市场提供相应的财富管理和资产管理。基本上，现在中国综合性质的信托公司外延了西方信托公司的功能，大约体现在三大领域：货币管理，现在叫资金管理；资产管理以及私人财富管理。

为什么中国信托业总被整顿？这主要是因为这么多年来，中国信托业最核心的问题始终没有得到很好解决。第一，正确理解信托公司的受托人身份。信托公司的职责是当好投资者的受托人与守夜人，实现投资者利益的最大化。但现实情况是，很多公司恰恰利用这个特殊地位，更多地考虑并谋求自身的利益，而不是委托人的利益。第二，专业人才的培养以及专家团队的建设。信托公司受托管理委托人的资产，不仅要使其保值，还应该让其增值。在这一要求下，专家团队就不可或缺。最近，银信合作被停掉，主要原因之一就是因为这一项业务异化了信托业的功能，使信托完全成为银行信贷的一个渠道。银行用信托方式淡化风险核查，实现报表外挂等，这些都大大异化了信托的功能，正是因为放弃信托主动管理，仅仅成为"渠道"的原因，成为监管部门整顿银信合作的有力依据。

所以，信托公司的发展要遵循几条基本原则：第一，认同信托行业本身的游戏规则。以诚信为本，当好委托人的守夜人。第二，培养自己的专家团队，真正做到"专家理财"。第三，形成自己的品牌产品，中、长期服务于有财富管理和资产管理需求的客户群。在这点上，首先，尽可能生产自主管理的产品，以区别于和银行同质的产品。因为既然信托公司是非银行的金融机构，那它就不应该只做跟银行同类的产品，比如贷款等等。其次，还要推出符合自己公司特点的信托产品。什么叫符合自己特点的信托产品？就是你推出的产品有技术含量，有排它性，保持差异化，可满足不同投资人需求，别人在短期内不可复制，

关于差异化，我们公司在产品设计上，正在试行类基金化信托产品，就是依靠资产池和资金池的不同配置以获得最大的收益，将整个产品变成中长期产品，然后根据它的内在价值，它的未来收益预期进行划分，进而节约成本，优化资源，控制风险。其次，在风险管控项下，我们将一单一单的信托产品进行组合，实现产品的差异化管理。另外，我们在推出类基金化产品的同时，也积极推进自己客户渠道的建设。这几年，信托产品私募营销渠道被限制在一个范围之内，即使在这个范围内，我们也千方百计寻找属于自己的渠道、自己的专有市场，同时我们也积极拓展和银行、保险公司、财产管理公司、财富基金、社保基金等合作的通道，相互支持，追求"双赢'。

几年来，北京国际信托在管理近 4000 亿信托资产时基本上没有出现大的差错，主要依赖我们的产品设计，选择交易对手和风险管控。在风险防范上我们重点防范三大环节：一是市场风险，主要体现在专家设计产品时，充分度量市场的风险；二是操作风险，主要出现在公司业务流程的控

制之中；三是道德风险，主要着眼于对人的管理，因为每个人都有犯罪的基因，必须高度防范这一基因的漫延。为了防范这三种风险，我们始终抓执行力管理，要求执行力不折不扣。也就是说，在执行上没有创造，只有百分之百的执行，不能打折扣，不能走过场，更不能节外生枝。但执行管理上最重要的还是人，因此，我们注重企业文化的建设，注重建立合理的激励考核制度，并对应于各种各样的报酬体系。我们既不追求冒尖，也不降低所管理财产的盈利规模，所以我们每年基本上都有超过15％的增长。

作为经营管理者来说，从进入这家公司，我就知道自己只是职业经理人。如果说，明天不让我做这个老总了，我也就不做了；但如果呆在这一天，我就要扮演好自己的角色。在所有国有企业老总里面，能将心态调整到我这个层面的是大多数，我们是真心实意在履职。而从企业角度来讲，我认为国有企业由于产权归属，这里只有职业经理人。现在的关键是，随着职业经理人团队的形成，如何形成制度来保证大家成为真正的职业经理人，而不仅仅是一个虚拟名词，不仅仅是自己说自己是"职业经理人"就是职业经理人。"职业经理人"应有它准确的内涵，而这种内涵反映到我们现实过程当中就需要有一整套游戏规则来客观评价和确认。

人口红利问题早就应该提出

作为企业而言，职业经理人只是一个财产的管理者，而不是财产的所有者。在西方，比如美国，大家都觉得人只是上帝财富的托管人，一切财富的所有者是上帝。这是一种文化上的区别。

从市场经济的本质来讲，社会必须对财产归属有明确的界定，否则你无法对财产进行处置。而也只有在财产确权之后，才可能派生出刚才所说的一系列游戏规则。

在第十届亚布力年会上，阿里巴巴的马云说，最近几年国有企业领导者的学习能力与对大局的判断能力都明显强于民营企业家。这个说法目前代表了一种声音，但不完全准确。回顾这十几年的发展，一方面，通过改革，国有企业的管理者与之前相比最大的不同在于，他们的市场意识更强，价值取向目标更明确，更认同市场的游戏规则，也更愿意在市场中学习市场规则。他们中的相当一部分人勤于思考，有一定的经营管理经验，有的也经过海外市场经济运行实践的训练。这些人到了管理者岗位之后，就能按照自己的管理理念，在国家现有政策框架下管理与运作企业。再加上中国整个开放环境的支持，部分国企表现出来了蓬勃发展的态势并迅速崛起。另一方面，相当多的民营企业正处于所谓的一二代的转换过程中。对他们而言，当财富积累到一定程度之后，由于管理能力的限制，当他们的管理跨度不能适应社会的需求时，部分企业重组、分裂、分化乃至于变革就成为了客观事实。当然我们必须承认，对中国今天的国情而言，无论是在税收上、GDP（国内生产总值）上、人均创汇上，还是在财富聚合乃至整个经济扩张上，没有国有企业的参与和支持，它是不可能实现的。

但大部分人并不是从经济总量、税收等方面来判断企业对社会的贡献，他们凭借的是解决就业人数这一指标。在这方面，民营企业在国家经济发展上是不容忽视的力量。我很赞同这个观点。中国经济发展到今天，我们面临的一个最大压力就是就业问题，因为就业问题会引发其他方面的社会、政治问题。这些年，国家大力发展民营经济，或者非国有经济，除了实现国家税收增长，促进社会繁荣之外，它更大的贡献在于在相当程度上解决了社会就业问题，维系了社会稳定，这是客观事实。正因为如此，国家的一系列政策才得以实施，也才使中国在国际上更具有竞争力。面对这个依靠人口红利所得来的繁荣，有些学者，如张维迎等总是表示出担心，不知道拐点会何时到来。其实，这个问题早应该提出。因为中国的人口红利不可能长期持续下去。国家必须有措施尽可能快地提高低素质劳动者的就业水准和技能，而这不仅仅依靠企业。因为只有使这部分相对低素质劳动力、劳动技能得到提高，我们才可能在人口红利无法继续维系时，找到社会发展的新动力。

学者看趋势，企业管理者则更看现实。现实中，我们确实需要有一些人来研究中国的未来 10 年、20 年的发展，，研究我们可能遇到的问题，以采取强有力的措施及早应对。在这个问题上，企业是否也要发挥一点作用呢？这是个社会分工的问题。企业对自身员工进行培训，这是责无旁贷的。但如果要求它对未纳入它这个体系的人也进行培训，这就不太现实，因为盈利是企业的基本天性。

这里，国家应该发挥更大的作用。但国家现有的教育资源分配偏重于大学，而忽略了中专和技校。其实我们应该更好地运用中专、技校这些载体，使我们所有的劳动者都能从不同层面得到合理的培训。我们在投资煤矿的过程中，最大的感触就是，矿难频发的根源之一在于下井的矿工或者叫农民工，对煤矿工作缺乏基本的常识。他们不知道什么叫火电，什么叫零电，也不知道火电与零电不能碰在一起，也不清楚井下不能有烟，不能有明火，而这些恰恰都是常识，是一些经过技能培训就能获得的常识。当我们的财富还有足够的余量来进行配置的时候，我们能不能将其中相当大一部分用于对我们相对低素质的员工与就业劳动者进行强迫培训？我认为只有越早做这项工作，才越有可能使我们的劳动力价值从根本上得到提高，才能满足经济转型过程当中大量的中、低人员需求，也才可能说当中国的人口红利优势开始大大减弱的时候，我们仍有强大的实力来与国际抗衡。

我不太认同"国进民退"的说法

中国的语言确实很丰富，经常将一些现象用特别简练的语言来描述，但在简练的同时也淹没了很多真相。关于"国进民退"，我们所见到的可能并不完全如此。例如在焦煤资源这一领域，从2004年开始，我们的合作伙伴就是民企，在社会普遍认为出现"国进民退"现象的时候，它不仅没有退，反而获得了更多的资源配置。其实我们在选择合作主体时，我们并没有完全考虑企业的性质，而是考虑它的经营管理能力以及驾驭资源的配置能力等等。所以，在一定程度上，在所谓的"国进民退"过程中，一些规模相对偏小，或者资源配置能力相对较弱的企业被淘汰也是一种必然。比如，山西小煤窑的回采率一般只有30％到40％，但好的企业可以达到80％以上。什么叫回采？就是在采掘过程中，不仅要将最好的煤开采出来，还要将边边角角的煤也挖出来，而不是弃之不管。因此，这样的兼并对浪费资源来说应该是一个很大的遏制。所以，在资源整合过程中，不能说没有国有企业发展，民营企业萎缩的现象，但完全将之概括为"国进民退"，我觉得比较偏颇。但尽可能支持民企快速发展，满足它们在经济发展中的各种需求，支持它们为解决中国就业问题做贡献，这是国家必须考虑的问题。

在这个问题上，大部分诟病的不是民营企业被国有企业兼并的结果，而是兼并所采用的方式不是出自市场，而是来源于行政。这就是在执行过程中所谓的执行力弱或被异化的问题。在我国，往往好的政策在执行过程中都被下面素质不太高的官员执行偏了。所以，我们始终强调，执行管理的关键是不折不扣，而不是让下面重新落实，也不是去歪打正着，更不是现实解读或叫"异化"。但现实中，确实有相当一批官员在执行政策的过程中用行政命令代替了市场公正，这在一定程度上导致了"国进民退"说法的普遍认同。如果这一切都按照市场配置资源的方法进行，我相信这种说法不会太普遍。所以，对政府来说，在进行重大问题的决策与执行时，除了坚持谨慎的态度外，实行行政公开、政务公开、市场化运作是必不可少的。

我一直不太认同所谓"国进民退"的说法，证监会叫停信托公司的阳光私募信托开户，则更与"国进民退"没有关系。证监会叫停开户，并非不愿让信托公司做这种阳光私募产品，而是因为某些信托公司大量的账号开设行为，引起了证监会的注意，导致现在信托公司无法开设新的账户。理由很简单，监管部门认为如果每家信托公司都突然新开设一万个账户，那么全国 60 家信托公司所新开的账户数量就是一个海量，如此庞大数量的新账户对整个市场来说就可能带来冲击。当然，这其中根本原因是部门利益的问题，这与我们现行的管理体制有直接关系。

我一直认为，国家的公权力本属于社会财富，但由于部门垄断，其变成了部门财富，进而又变成长官财富以及个人财富，这对整个社会的破坏力非常大。而要改变这一现象，除进一步加强制度制衡外，还应该按照市场配置资源的方式，较彻底解决公权力的使用问题，只有这样，利用权力的寻租的空间才会大幅度减少，集团及个人腐败的现象也才能慢慢消失。

不后悔当初的选择

我从北京大学毕业以后去了国家体制改革委员会的体改所，1990 年 8 月份被调到北京市新技术产业开发试验区做常务副主任。当时，我们主要负责管理中关村的新技术企业，所以比较早地接触了民营企业，也为一些企业的经营服务、资本市场上市等方面提供了一些帮助。1994 年从开发区出来后，被北京市人民政府派到香港的窗口公司工作，随后参与组建了北京控股，并实现北京控股在港的成功上市。北京控股上市之后，1998 年我被调回北京，任职于北京国际信托一直到现在。简而言之，就是在中国体制改革研究所做了五年，在北京新技术开发区做了大概四年，在香港做了五年，然后在北京国际信托做了十几年，基本就是这样。

其实，1993 年的时候，我有可能到当时最大的民企之一四通去任职，四通当时拟任命我为公司副总裁、董事会秘书兼财务公司老总等职务，但当时主管我的领导没有同意，说有些领导要我回北大主管校办产业。但后来因种种原因也没有去成，最后就被派去了香港。所以说，我个人是应该有一次机会下海创业的，可惜我没有这个缘分。

我觉得，人的命运冥冥之中早被安排好了。对我来说，从国家体制改革研究所到北京新技术开发区工作，就是希望做经济管理方面的工作，并没有想过再回到体制中去。虽然所在的平台还处于政府的管辖之内，但可以为企业直接提供专业性的服务。后来被调到香港后，又先后与投资银行、国际金融人士、企业家都有合作，开始更加熟悉和认同市场游戏规则在整个社会经济运行中的作用。所以在香港策划组建北京控股时，就有了用武之处，记得当时我们做了许多工作，使北京控股上市在香港资本市场小有名气，创造了当时的许多第一。后来又被派到北京国际信托，也是因为当时北京市希望将这家公司打造成一个新的政府融资平台。

1992年下海创业，对我们来说，很大程度上是背水一战。当时如果真下海了，我应该也有一段创业的辛酸苦辣可以回顾，我所接受的教育和个人经历与当年从体制中出来的人差不多，而且我相信我的资源比他们更多一些。但既然留在体制内，我的心态始终都比较平衡。这么多年，我有许多回到体制内，或者回到公务员岗位的机会，但我始终没有动，还是觉得做好自己的代理角色，让更多的人得到相应的安排与实惠也是对社会的贡献。所以，我始终没有后悔，在这个岗位上也没有感到失落，因为这个角色也具有挑战性。而我也乐于接受挑战，并在挑战中将自己所学的知识融会贯通，这样就获得更多的机会。至于当时政府没有允许我去四通，我觉得也是一种缘分，我不太爱总与命运抗衡。

我相信缘，我觉得任何东西都有缘。

（改编自《亚布力观点》2010年12月刊）

中泽嘉盟投资有限公司董事长

吴鹰：

我一直运气很好

做投资很开心

刚开始并没有想到我会进入到投资界。早期在贝尔实验室工作时，我比较活跃，经常组织一些活动。薛村禾当时在贝尔实验室另一部门，他希望去创业，想找合作伙伴，就通过别人介绍找到了我。我那时完全没有听过、也没见过他，我们在电话里聊了 5 分钟，我觉得不错。那时我自己做梦也想发财，觉得创业也很好。刚进贝尔实验室时，我认为自己这辈子就做研究了，后来还是想做些事。于是一拍即合，我约薛村禾在家里谈了一个小时，握手后这事就做起来了。我与薛村禾一直是朋友，后来一起在 UT 斯达康，1995 年找到孙正义投资，合并成了 UT 斯达康。当时我代表公司做了 30 分钟演讲给孙正义，他就决定投资 3000 万美元。他比较有眼光，他听我讲完后感觉中国市场会很大，对我们比较有信心。他与我们之前的另一合作伙伴认识比较久，但他也要看团队人员齐备才会决定。

　　后来我离开 UT 斯达康转做了投资。有些报道说我在高尔夫球上疗伤，其实我真的没有这样，只是因为我认为董事会当时的决策是错的，与我的战略不一致，我认为 UT 斯达康应该专注于中国市场。两年后，他们又采用了跟我一样的战略，只是晚了点。对我个人来讲，也是一种解脱，企业做到一定程度以后，再往上走确实很难，但我不是轻易和随便地离开。后来也证明，我做的选择还是很对，做投资也很开心。因为经常能够看一些新公司，可以跟年轻创业者聊天。把我以前的资源、经验、特别是教训，跟他们的实践结合在一起。不同企业的资源，包括企业的上游、下游、客户等等。举个简单例子，比如投资一个 18 人的小公司，几万人的公司都很可能是他的客户。如果他想去见客户根本见不到，而且很难进行谈判。我就可以把客户和创业者约在一起进行 40 分钟的工作餐，那边的客户老板如果觉得很好，他们的合作就能继续进行了。

上述只是其中的一方面，当然还包括帮助他们协调各方、做企业管理等。以前在 UT 工作时最优秀的几个同事，现在也是我的合伙人，都是跟着公司 10 年以上的，看着公司从很小做到现在的规模，他们对上市公司规模的管理，对投资公司将来需要做什么都很了解。企业家把企业规模由小到大做起来，都积累了很多经验。我在某些过程中，也有比较特殊的经历，积累了很多资源，包括政府、公共关系等，所以现在做投资还是非常开心。

私营公司和上市公司是完全不同的两码事。在私营公司里，可能很多决策随便一拍脑袋就定下来了，而上市公司就不能这样做。比如私营公司为了省去一些税，就用发票报销的方式让员工得到部分工资，但上市公司不能这么做。私营企业和上市公司还有很多区别，这些都是经验。而且上市公司的管理经验对创业者来讲，具有非常重要的帮扶作用。他们可以利用我们掌握的那些资源，比如从事电信产业的，就需要去各个省打开关系，我们有这方面的经验和关系网络。因为中国是很讲关系的国家，技术、市场和管理也是很重要的因素，缺一不可。

目前我做的投资公司要准备上市的。中泽嘉盟现在投资的公司将来都准备在国内上市。我们刚开始做的 VC，还有一些做海外市场的公司，有可能在国外上市。其实我不太建议规模不太大的公司在海外上市，因为上市成本很高，尤其是美国上市的成本非常高。公司赚取的那些利润，还不够审计、律师、财务等费用。举个例子，2005 年时 UT 斯达康亏损，但我用一年时间把中国的业务一下子盈利了 1.2 亿美元。而我们一年在美国的费用，包括 IT、律师费、财务费这些纯粹的管理费用，三项加起来就需要1.2 亿，等于在中国创造的利润全被吃光了。

关系是一种人脉网络

刚才我所说的一些经验和教训，也是被逼出去学习的。但有些事到现在还不能说，比如当年 UT 斯达康已经上市了，小灵通在中国做得很火，99％的业务都来自于中国，其中又有差不多90％的业务来自于小灵通。所以，如果不让小灵通做下去，对于我们就是致命的打击。在这个过程中，就不得不去做很多说服工作。因为资费低等优势，那时各地老百姓和各地政府也很喜欢小灵通，有些地方政府甚至把小灵通写进当地工作的十件大事之一，说服电信在那个城市把小灵通开通，很多省份写了这样的报告。我在这个过程中，还会做一些关系方面的事情。中国的这种关系，并非属于不正之风，跑动关系只是为了寻求一个沟通的渠道。包括一些政府部门、研究部门和媒体，如果我们认识这些人，让他们帮忙写一个很有力的报告，对他们自己也是一种帮助。关系这个词，不是一个简单的意思，它是一个网络，是一个人群沟通的渠道，是人脉网络。当然，在中国做任何事情也决不能只靠关系，否则这个国家是没有希望的。

做这些事情，要把握一个很好的度，绝对不能因为自己公司单方面的利益，去利用关系做一些损害大众利益的事情，这样就是错误或违法的。但如果你连这些关系和沟通渠道都没有，那怎么办？所以在做事的过程中，也学了一些东西，因为很多事物发展之初，都有切入的门槛，这也未必是坏事情。比如我们的小灵通业务当时也有一些竞争对手，他们也很有关系。但他们在听说对于对小灵通的政策后，就不上马这项业务了。这对我来说就算是一件好事，因为少了一个竞争对手。在这件事上，这个公司错过了一些机会，但他们现在其他方面也运营得非常不错。

很多事情都是辩证的，要一分为二来看。对于"关系"本身来说，也是辩证的。如果你相信自己的产品和业务，是为了企业发展，而且会给消费者带来便捷、减少开支、或提供新的价值，你也可以发展起来。比如微博的出现就提供了一些很有意思的价值，自然就发展起来了，因此市场的力量还是很大。

在中国的发展过程中，也许当年会发生某些事情，但未来就很难发生，因为现在政府越来越少去干预市场行为。亚布力企业家论坛有时还会谈到这些事情，政府与市场的关系其实是一个过程，政府也会不断缩小，让市场变得更大。比如我在美国看到，一个市只有一个副市长，这个副市长就像平常人一样，根本不像是官员，因为他们政府的工作职能相对来说管理事情较少，因此很多还是需要市场来调节。

我不会用金钱去贿赂，因为这是犯法的。如果给官员金钱，反而是害了他们。所以在处理这些关系当中，如果你自己有较好的原则，还是能够把握住自己。做小灵通的时候，我同事给我打电话说某个省的业务不错，能够拿下全省或至少一半的业务。但晚上开标的时候，没想到会没有完成。我们的产品确实做得很早，规模也大，在成本、价格等各方面确实很有竞争力，但没拿下这个省的业务，只能说明自己的工作还没有做到家。我们也曾碰到很惨的事，比如评标小组中 13 个人里有 12 个人赞同选我们，只有一个人不同意，最后我们还是被撤换了。

这种现象都是很正常的事情，是中国从计划经济向市场经济过渡，或一个社会发展过程中的问题。美国有没有这类事情？肯定也会出现，到现在都杜绝不了。市场经济是否就能杜绝一切不正之风？最终一定会杜绝，但是在不断发展成熟的过程中，类似的事情一定会越来越少。这说明社会在进步。在实际做企业的时候，如果碰到这些社会现象，只能自己把握度，公司也会让其他同事这样要求自己。美国的公司很有意思，在美国有一些法，叫"国外反贿赂法"，依据这项法律，就要经常自查，我们的公司也要经常自查。

团队互补很重要

在一个企业里，有一个核心的优良团队是非常重要的。UT 斯达康发展最好的那几年，在团队中大家都能够互补，因为每个人都有自己的局限和缺点，团队整体非常强悍。虽然在公司发展中，技术、市场、资金、管理一个都少不了，但我个人认为核心还是人。如果公司没有合适的人去做，那是无论如何都发展不起来的，即使有好的公司基础，在好的机会来临之时，也会被错过或丢掉。如果这个公司有了合适的人，其他的问题都有可能解决。如果有好的人，暂时没有机会，也可以去开发机会。

我自己是一个不太擅长做具体运营的人，因为我不太喜欢那种事务性的、重复性的工作。但一个企业，每天都是由这种很具体的、重复性的枯燥工作连接在一起的。我的缺点是做事不够细致，但做具体执行的时候需要把事情想得很细致。那时我在中国的搭档叫周韶宁，他认为这些事情很简单，所以由他来做执行，对我来说就是一个很好的互补。我善于与别人打交道，包括政府方面的沟通交流，薛村禾那时在美国做研发和产品也很细致。这些就是团队中的互补性。

还有一点，也是在做 UT 斯达康的过程中体会出来的。可能大家都知道，但觉得不算是大事——合作管理者的头脑需要足够聪明。在管理企业时，尤其是企业达到一个规模的时候，你需要看清一些事，做一些决定。有些事情别人一下子就能看清楚背后意味着什么，但如果管理者不能看出来，那做企业就很累。所以，现在做投资的时候，我们也会把这个作为一个条件来看，可以通过交流体验出来。当然，也有可能错过一些大智若愚的管理者。

我认为聪明或智慧是指能够看到很多事情的本质，作为企业家来说，还要有眼光。但这不能强求，因为并非每个人都有眼光，尤其当比较大的事情来临时，拥有眼光也很难。世界上真正非常有眼光的人并不多，回头来看，我非常佩服比尔·盖茨，他做的 Windows、Office 就很成功。虽然一个企业领导者的情商很重要，但 IQ（智商）也不能太低。很多管理书也说过，一个人的品德很重要，我也很看中这点。如果创始人有品德问题，企业最后也可能会发展，也肯定能赚钱，但赚钱之后可能就把投资人丢到外面去了。

（改编自《亚布力观点》2011 年 2 月刊）

锐丰音响前总经理

徐风云：

战胜对手是生命的乐趣

让全世界聆听我们的声音

我以前做过传统家电，还有日化产品，这些行业很多都是按照相对传统的思维来经营。比如做家电，大家都去做广告，有很多经销商、经销政策、法律政策，所有的一切联成一个紧密体系，这些体系是做家电、化妆品公司所遵循的传统思维。

但是进入专业音响行业以后，我发现这跟很多行业不一样，不一样在哪里？比如卖水的，把水做出来后，在中央电视台每天做 30 秒广告，即使一年下来一瓶水不卖，我相信它也会形成一个品牌。但在我们这个行业，专业的工业产品不能用传统的营销思维考虑。如果仅是把中央电视台的广告时段包下来，从早到晚打广告，一年下来也不会形成一个品牌。因为专业音响行业只有在全世界做大型工程项目的时候，别人才会很关注你。别人关注的是你有什么成功的案例、哪个标志性建筑或国际有影响力的活动上用过你，有了这些案例才会形成你的品牌。

做专业产品一定要做到这个行业、做到同类产品的最高点。红旗插在山峰上，谁都能看得见，这才是做专业产品的成功经验和传播渠道。所以做专业音响就一定要用标志性活动、标志性的建筑，只有具备在重大影响力的工程上有你的足迹，有你的红旗，你才可能会成功。

专业音响其实跟一般大众所理解的不同，CAV、爱浪等众多民用音响，在 2002 年以前大家就耳熟能详了，而且一般人除了这些音响品牌之外也并不知道还有专业音响。其实音响分三个种类，第一类是民用的。民用的音响就是我们家庭用的。第二类是针对发烧友的。据中国录音协会统计，中国大概有 30 多万这样的超级发烧友。超级发烧友是什么概念？他可以为了买一个能够改变音质或者很好的电子产品花上三四千美金买往返美国的机票，去美国买一个 5 美元、3 美元的东西，回来以后自己在屋里做音响功放。做好了以后，就把好朋友们叫来一起欣赏。通过设备、硬件来追求极致的人就是超级发烧友。第三类就是专业音响。专业音响应该准确定义为商用音响。像我们的公用广播、卡拉 OK 的音响设备、体育场馆的音响设备、大型演唱会的设备、娱乐场所的音响设备、多功能会议室的这些设备，凡是在公共场所能够响声的东西就是商用音响。

为什么这几年民用音响一天天衰落？这与人们消费习惯的改变有关。2000 年以前的娱乐需求与现在不同，互联网技术没那么成熟，电影业也没有现在发达。2000 年以前，如果你搬个家，洗衣机、冰箱、音响都会买一套。今天还会有人买音响吗？基本不会了。第一个原因是网络音乐，现在电脑一打开随时随地可以听音乐；第二个原因是娱乐的多元化因素更多了，卡拉 OK 的重新兴起，还有电影业的复兴。人们想听这种音乐的感觉，可以消遣的地方更多了，所以民用音响的没落与大家消费习惯的改变有关。

而专业音响这几年为什么很红火？

第一，应该说是中国 GDP 的增长带动了大量的基础建设投资。在基础建设投资里就需要专业音响，比如楼盘、馆所、车站、公路。而且随着奥运会、亚运会、上海世博会、大运会等一系列的大型活动和体育赛事在中国境内的举办吸引了很多音响器材经营商，还有演出市场的火爆都极大地促进了商用音响的发展。

商用音响的长足发展并非一蹴而就，中国企业能否在全世界专业音响领域拥有自己独立的国际地位？这必须要有一个大的环境，要有一个造就专业音响生长的土壤和成功机遇。

第二，一个大的国际国内环境和各个专业市场需求的环境造就了我们发展，而为什么中国这么多专业音响公司都没有找到商机，我们却找到商机了？我觉得这是逼出来的。是不是我们说要做鸟巢的项目就一定能做成呢？当然不是，是因为前面有积累。

我在锐丰刚刚过了第6个年头。2004年4月份进入锐丰时，锐丰只是一个在国内做了一些政府工程的专业音响工程公司，自己推的品牌也不是非常成功。现在锐丰已经有18年历史了，这18年锐丰走的路其实跟联想的路极其相似。首先是给国际品牌做代理，做代理的时候建立了一个营销渠道和营销网络。到1997年底和1998年初的时候，董事长王锐祥就看到了商机，他认为做代理即使再成功，也始终缺少一种安全感。因为在1997年、1998年的时候，我们看到，当中国市场打开以后，很多中国代理公司的国际产品代理权被收回了，国际公司要自己做了。王锐祥就觉得，我做的这么成功，哪一天国际公司不给我干的话怎么办？就像当保姆带孩子，这保姆当的再好，也始终没有安全感，孩子大了，要上学了。如果是自己生的孩子，孩子再不好，打他骂他，也脱不了血缘关系。

而且在1997年底的时候，董事长去美国，当时他代理了一个美国品牌。他已经做成代理该单项产品的全球最大代理商，在所有代理商里是做最成功的。但他作为中国代理商遇到了很多问题，就问美国人有没有可能为中国市场做一些产品改进。美国人说，你就好好当你的代理商，这些问题不是你操心的。我们董事长想：我一腔热情为你做事，把中国的情况告诉你，可你为什么这样对待我呢？我就不信自己干不出一个品牌来！为什么我们这个牌子叫LAX？当时美国人把他教训一顿之后，他回去时看到洛杉矶机场的标志，为了雪耻，也为了让自己时时记住自己的品牌梦，他说当时脑子一激，就决定要用洛杉矶机场开头的几个字母作为自己的牌子，他说：因为我有一天一定会把我的产品卖到美国来，所以就叫LAX。

今天我们锐丰是代表什么？我们以前说"让世界聆听我们的声音"，

曾经觉得这是一个遥远的梦想，但今天看来这个梦想离我们越来越近。

从十运会到奥运会

在做代理过程中，公司也掌握了很多技术。他回来以后，就做专业音响。第一，再苦再累，也一定要做出中国最好的国产专业音响。第二，他从新加坡、美国请来做音响的设计师。在 1997 年，他用一个月 10 万块钱请一个老外帮他做产品的设计和研发。我相信 1997 年的时候，在珠江三角洲民营企业老板里，肯出这么高的工资请一个老外帮忙做技术的应该也没几个。

那时候做音响一个月卖 50 万块钱，但是做技术花的钱就要超过 200 万。砸下去多心疼啊，但他相信一定能够做出中国最好的专业音响品牌。他靠着做进口代理赚的钱来补贴国产专业音响品牌，慢慢以后也做了一些工程。可能因为好的环境还没有来，也可能是天时地利人和的条件还没有完备，公司在慢慢成长，一个月做的量也不多，仅仅是能够维持经营。企业在这时候，就像练功一样，任督二脉打不开，武功就无法提高，总是找不到突破口。

我 2004 年来公司的时候，大家一起想办法找突破口，怎么能够有一个点让我们打开这个局面，到一个更高的高度上去？2004 年，我们看到了一个商机：从新中国成立后，中国国内最大的体育赛事就是全运会。全运会每四年一届，在哪里搞全运会哪里就是一个风向标，而且全运会就是中国各个省为了展示自己的体育实力，拼尽老命都要干的事情。

2005 年 10 月份，在南京举办第十届全国运动会。我们认为第十届全运会是 2008 年北京奥运会之前中国最大的体育赛事，想参与奥运的话，如果没有全运会经验，那连参与奥运会争夺的机会都没有。所以我们一定要做，可这事不是想干就能干的，因为第一，没有相关案例；第二，我们没有成功经验；第三，没有一支打过这种仗的团队。那怎么能成功？

　　我觉得锐丰一直以来有一种精神，就像奥运会的体育精神，不去参与就永远没有比赛的经历，永远不知道自己行不行。如果你去了，就算不成功，起码也参与了游戏规则，有了学习的过程。很多民营企业都会惯性思维：这个活动太大了，我们公司太小了，不够实力参与。而我个人认为，正是因为这种不够自信使他们丧失了很多的机会。

　　意识到我们只有参与了十运会才会有参与奥运的机会，但没有经验我们怎么进去？我们定的目标是：十运会是我们冲向奥运的一座桥，我们目标很清晰，就是做十运会开闭幕式的音响系统。有多少困难摆在我们面前？就是前面说的没有这样的团队、没有成功的经验，而且中国从解放到2005年第十届全国运动会，大型运动会从来没有使用国产音响设备的先例。另外，"国际一流、世界领先"，是当时很多专家给第十届全运会的定位，但是，中国人对此有很多狭义的理解，认为这个定位就应该是代表使用进口产品。

　　所以说，不仅是我们内部小团队没有经验的问题，而且整个全运会的大环境对我们也非常不利。我们首先给自己定目标，一定要干成这个事。如果干成了，后面就有奥运会；干不成，就没有奥运会的机会。其次，这是国产专业音响的突破口，没有这个突破口，根本就不会再有后面的机会。机会不能错过，错过不会再来。

　　我觉得成功的经验都是相似的，不成功的经验是不相似的。南京十运会的很多成功经验，对我们后面去做鸟巢，参与奥运会都有决定性帮助。今天来看，十运会的很多经验还不能丢，它给我们指明了一个全新的方向和举一反三看明白事物的道理。

感动别人你才有机会

　　现在回过头来看，十运会的成功，给锐丰后面的北京奥运会、广州亚运会、伦敦奥运会等一系列大战役的成功，提供了很好的借鉴。

第一，是企业精神。企业精神绝对不能放弃，就像我写到这本书上的话一样，是同一个道理——"经理人要像战士一样，只能倒在冲锋的路上，不能活在撤退的途中"。我们企业就像一个运动员一样，运动员要不断参与国际比赛才能成熟起来。企业精神就是参与进来，不能因为不自信，而给自己找一个逃避的理由。你去做了，即使失败了，也是一个经验和学习过程，不去做就将后悔一辈子。永远不会有"说不定"这个词，只有做和不做。参与精神是指导我们后面做事的精神，参与了就有机会向别人介绍自己的产品、企业、理论和观点，也是很好的推荐机会，为什么不去做呢？参与精神使我们始终受益。

第二，要学会整合各方力量来做一件事情。今天这个社会是需要互相配合的，就像我刚才讲的，越大的国际公司越狭隘，他总是认为自己是这个行业的全球老大，所有的游戏规则、话语权，以及所有的市场都应该由他来定。但他恰恰忘了，虽然我们小公司跟他比很弱小，但是我们能把相关的不同专业人士整合起来，团结众人力量来做这件事，这将比他更强大。我们从十运会开始，在奥运会、大运会中，都贯彻这个理念。让更多的人来和我们一起分担作战，让更多的人和我们整合在一起，来打一两只"纸老虎"，要学会分享荣耀和成功。

第三，"以快打慢"、"乱拳打死老师傅"。这是中国式招式，绝对不能放弃。在后来的奥运会中，我们有很多跟一些国际公司竞争的合作伙伴，我们几个管理层遇到什么事情就马上碰头，只需要五分钟就能决定干还是不干。但这些国际公司，他们有全球总部、有亚太区、大中华区、中国区，他们的项目部要逐层上报。就像国内的大企业一样，机构大了以后会有官场作风，层层受限。虽然企业大了以后，没有这种层级也不行，但对于我们这些小企业来说，打败这些大象的，就是中国式的营销模式，我们的目的只有一个，就是要赢他。

　　这三点是我们的收获。在我们真正去做的时候，困难远远超过了我们的想象。因为不仅是我们想到了十运会是赢得进入奥运会的机会，这些国际公司也全想到了，他们更想做这件事。当时有 14 家国际公司去竞争，而我们是唯一的中国公司、唯一的中国品牌。我们代理的国际品牌当时也去参加了。

　　后来，我们敏锐地发现了两个商机。第一，组委会关于音响方面的预算不够；第二，他们请了两个专家。在中国搞活动，政府不能判断的时候就请专家，最后由专家说的算。

　　从这两点，我们就判断了机会。

　　第一，我们告诉组委会，我们不要钱，只需要组委会承担货物从广东到江苏、再从江苏运回来的运输费用，再加上我们 13 个工作人员在整个全运会，包括彩排期间的吃、住、行费用。那些国际公司都报着 150 万、200 万、170 万的价格，而我报出一个只需要 30 万的食宿费用和运输费用，所以从价格方面看，我们就很有竞争力。

　　第二，我们要跟这些专家做工作。于是我请专家到我们工厂参观，告诉他们：不是我们不行，而是大家在观念上都不接受。我们满是现代化的设备、全球采购的原材料，我们的音响也参与了很多工程。那位专家说，以前我从未关注过国产音响，这次让我开了眼界。我们让专家从根本上改变了对中国专业音响的看法。而且通过我们做的这些大型活动，让他们感到，我们同样拥有优质音响系统的品质、经验。然后，我们对这些专家说，产品是死的，人是活的，这些国际公司的参与只是一个商业行为，而中国的民族品牌如果想参与奥运，十运会是一个不可缺的过程，希望你能够帮助我们这些中国的民营企业、中国的专业音响行业发展。今天有很多人说，我给专家们讲的时候掉眼泪。我当时是真的想如果中国专业音响不能打开这个局面的话，我在这个行业混的还有什么意思，我真是有感而发，讲到自己掉眼泪。

一讲到这个民族大义、产业复兴的东西，在许多人眼里看起来好像很虚无缥缈，但在很多时候，这些东西却又是实实在在的，只要真正投身于实业的有为人士，其实都很容易有共鸣。当你感动自己的时候，不一定每次也都能感动别人，但起码只要有一次感动别人，你就会有成功的机会。

第三，当时香港有一个很大的演艺机构，我就跟他们商量，借助他们的团队来和我们组成一个联合团队，来操控十运会的项目。

第四，在设备上，我们做了三套备份系统，因为全运会开幕式总书记会去，闭幕式总理会去。我们的三套备份系统，使得安全可靠性是毫无质疑的。从这点上，我们也打动了很多人，即便有一套系统出了问题，后面还有两套系统。这种万无一失安全可靠的操作，既打动了客户，也打动了专家。

我们这种持之以恒的精神感动了别人。为了见一位专家，我曾一周到北京来四次，我能够从晚上6点钟，拎着一盒茶叶等到凌晨2点钟。有思想的专家都是很有个性的，我不知道他什么时候来，我又不能走，也不能睡觉。一点招都没有，怎么办？只能在那等。就从6点钟开始待在门口，那是我有生以来，第一次数天上的星星，好像外星人一样。那个专家晚上2点钟出来以后，看看手表说：2点了你找我有什么事？长话短说，我要赶回去睡觉。我说我没什么事，就想介绍一下我们公司。他说，我要回去睡觉。我说我明天再去您办公室，带个小礼物给您。他问："什么东西？打开我看一眼。"我其实没有任何意思，就是想希望这个专家能知道我们公司，仅此而已。

第二天早上9点钟，我就到了他办公室，看到很多人在开会。我一敲门进去，他看到我说，在门口等一下。我就站在门口走来走去，等到12点半。等所有人走了，他看到我说：你还在啊？我说，是啊。他笑了说：行，吃饭去！我们一边吃饭一边聊。我就跟他讲，我们想做这件事的决心，我们企业的情况以及整个团队的能力，希望他能够帮助中国专业音响打开这条血路，给我们这样一个机会。

一确定下来这次十运会用我们的设备，专家与十运会组委会签了字，说：全力支持锐丰音响参与第十届全国运动会开闭幕式，我们相信他。因为通过所有的东西都告诉他们，我是一个值得信赖的人，我们公司是一个值得信赖的公司，我们的系统是最安全可靠的，我们的产品品质是有保证的，我们和香港演出团队是一个值得信赖和有成功经验的团队。

决定用我们的设备之后，我就想，我们又没有收钱，那岂不是亏大了？我就跟演出公司说，你看，十运会的单子签了，我们的设备已经通过十运会开闭幕式的专家认可了，我的这套设备很好，你要买设备，我们给你优惠的价钱，你看怎么样？而且，十运会的时候，你也来参加我们的开闭幕式团队。如果没有我们，你一辈子能参加几次这种活动？能参与这么大活动是荣誉，你不能放弃这个机会。他一想，又能参加十运会开闭幕式为团队增强骄傲和自豪，产品价钱又便宜，产品品质也经过十运会认可了，就爽快地签了协议。设备卖给了演出公司。所以说，最后这个买卖很划算，组委会给了我吃喝拉撒及运费，又打了品牌，又卖了货，这种以租带买的方式非常好，又是行业里的一个创新。

南京十运会的成功，打破了大型活动"非进口设备不用"的惯例，打破了进口产品在中国市场的垄断地位，开创了中国专业音响行业的先河。

要干就干鸟巢

做完十运会，在南京，我和我们董事长喝了点酒，他说：风云，当时很多人说我们痴人说梦，但我们一样干成了，今天完美的谢幕！喝到最后，他跟我讲他开创这个品牌的辛酸和他的梦想。

董事长说，我做音响做了这么多年了，我要是没能参与中国人搞的奥运会，丢脸呀！如果我儿子长大了问我，老爸你做音响做一辈子，北京奥运会你做了什么？我怎么给我儿子交待？我都没法交待。我们要去做奥运会，要做就做鸟巢！鸟巢并不是什么神奇的地方，但它是奥运会开闭幕式的主会场，也是奥运历史上最大的一个开闭幕式主场馆，而且中国人搞奥运会，一定会前无古人，后无来者。因为奥运会准备的时间之久、精心的策划、高规格的对待、严密的组织实施，这些是有目共睹的。中国人搞这种大型活动，成功几乎是必然的。

所以，我们两个人那天晚上庆功宴的时候，就定了目标，要干就干鸟巢。

2005 年 11 月份，我就到国家体育场去报名。当时国家体育场刚刚开工，还只是一个打了地基的荒地。在靠近五洲皇冠大酒店边上有一个小别墅，国家体育场当时的公司就在那里刚刚开始运作。我去报名，国家体育场就问我做的是哪个国际品牌，我说，我们不做国际品牌，我们做中国品牌，锐丰音响的 LAX。他说，没听说过。我说，我们想来参与国家体育场项目竞争，那个人回过头看了一下，你有做奥运会的经验？

我心里想：中国人搞过奥运会吗，你问我有没有奥运会的经验。我说：我没有奥运会的经验。他问：你没有奥运会经验，你搞什么？我说：我们先来报一个名行不行。他说：这还差不多。我就把我们公司情况介绍交上去，算报了个名。

隔了没多久，我心里没底。我爹说，干什么事，多跑两遍混个脸熟，跑多了，跑勤了，就都混成熟人了。我得经常去，一个月不到就去了两次。第二次去，人家说：你是那个锐丰。第三次，就变成：徐总你来了。第四次，他说：徐总，你来，你们公司不容易，我们喝杯茶。这样就混熟了，混熟了以后，我们一起聊天，当时还有一个处长也在。

那个处长说：徐总，不是我打击你，你看我今年已经 52 岁了，做完这个奥运会我就退休了。鸟巢开闭幕式关系到中国人的脸面和国家的脸面，我用国产产品搞奥运会的话，让胡主席坐在里面，如果那个音响上面晃一晃，主席看见了吓一跳啊，那我就吃不了兜着走，好麻烦。他说，如果我用进口的国际音响品牌，即使开幕式音箱掉下来砸死人，那也跟我没关系，因为他是国际品牌。连国际品牌的产品都掉下来，那我有什么办法？他把话都说到那份上，还谈什么谈？根本就没机会了。

其实，当时我们的目标很简单，中国人搞奥运会，百年一遇，能够把我们的音响就像一面红旗一样插在了鸟巢，那我们就占据了世界专业音响在体育场馆的制高点，我根本没想太多后面一系列的东西。一个正在成长的企业，要通过一些事来实现五年、十年的梦想，我觉得这是胡扯，但同时我们追求的目标又很明确——南京十运会成功、在奥运会上插上红旗，站在世界体育场馆的制高点，我们就有了自己的品牌和江湖地位，就这么简单。

但这件事成功后，我们也反思了，一个品牌从出生到成长，我相信在中国成为知名品牌，没有 10 年、20 年不可能会成功。要想成为国际品牌，没有 30、50 年也不可能成为国际品牌。但有没有速成的经验？有。这种国际赛事和国际活动，就是一个让你可以跳得更高的支点。就像一颗卫星，如果升不了天，你就是一堆破铜烂铁，你只有升到太空上去，才能发挥你的作用。我们就借用这种国际赛事，带动了高速发展。

其实，我们中国有很多民营企业没有认识到奥运会的重要性，失去了插上翅膀飞天的奥运会机遇。我们做广州的亚运会，是因为我们有了做奥运会的经验，才给我们奠定了基础。

就像前面讲的通过"十运会"得到的三点借鉴一样，对于我来说，这三点始终在激励着我，使得我们成功地拿下奥运会项目，并对其有了新的理解。

第一，只有锐丰敢跟国际一流品牌硬碰硬，这是多么有底气的事！十几家国际公司来中国投标鸟巢，任何一个公司的一个名头都比我们强大，我们是唯一的中国公司，唯一的中国品牌，那怎么跟他们竞争？我当时跟董事长讲，全世界都在关注鸟巢，全世界专业音响行业的企业也都在关注。现在我们是唯一的中国公司，我们能去和这些国际公司竞争，虽败犹胜，败也是荣。因为，能跟这些国际公司去竞争，那我们也应该不会太差吧？在全中国专业音响行业，在鸟巢做奥运会，能去跟这些国际公司竞争的只有我们锐丰这一个国产品牌，这是一个多么好的宣传推广机会！奥运精神的核心就是重在参与，能够去参与这个活动，我们也会学到很多东西。参与这个活动，对于品牌的推广、形象的宣传都是极大地提高，有这种好事为什么不去呢？还是在于参与精神。

第二，从跟班变龙头。南京十运会我们能找香港人合作，那奥运会就不能找公司合作吗？与我们竞标的公司都是国际知名公司。因为专业音响行业跟其他行业不一样，他是一个系统，这个系统由很多产品组成。这些国际公司大多是跨国公司，它往往自成一个产业链、一个系统集团。每一个国际集团里边都有四、五样产品是国际上最好的，但并不是每套系统的每样东西都是最完美的。而我们只有两三样东西是最好的，那我们怎么去跟他打？我发现，全世界还有很多有过无数奥运会经验的单项产品公司。这些公司的产品都为奥运会服务过。我们就开拓了思维——合作，一定能得到更多人分享荣誉。我联系了这些代理单项产品公司的中国代表处，比如有做话筒的，我说奥运会要搞鸟巢，我们要做鸟巢的音响系统，你有没有兴趣一起做？你很想做奥运会开闭幕式，但投标的这些国际公司都有自己的话筒，根本不会用你的。他说，悉尼、雅典奥运会也用过我们的产品，我们也曾为奥运保驾护航。我说我们现在是唯一的中国公司去投标，与我合作，你还有一线机会进入鸟巢，而其它那些国际公司是不会带着你玩的。

他有奥运会经验，如果我们跟他合作，就意味着我们也有奥运会经验。找来几家这样的单项产品公司后，我告诉他们：你们跟我们就有机会进入鸟巢，不跟我们就没有机会。大家也都认可这些理念。

那些知名跨国公司投标，所有产品都用自己的，证明他们也是很狭隘的。不过他们还是有过人之处。

第一次投标，我们没见过大场面，只做了一个 200 多页的 PPT，第一次去抽签陈述的时候，我抽了第一名。我就上去讲，不能说我的表达能力很好，但我也花心思做了 PPT，很漂亮，我还找了几个业内精英跟我一起去讲。在没听别人讲之前，大家觉得我的表达也很好，方案做的也还好，感觉不错。可是后面那些国际公司，有做动画的、有请好莱坞设计师给他们做 3D 模型的，还有人做了一个小的模型，用所有数据来测试给大家演示。那些技术手段、表现形式是千奇百怪、无所不用。真是代表了高科技，代表了国际一流、国际领先。第一轮评下来，我们被评了最差一名，为什么不把我们踢掉呢？人家说了，这些国际公司都很牛，觉得自己不可一世，我要是把你踢出去了，他们不就是更牛了？这样吧，我们让你们"陪太子读书"。

我一看别人搞演示，我也能干。我就把那些合作伙伴召集起来说，今天我们这个方案做得不好。有人说，我们做雅典奥运会的方案时有一个控制系统，也做了一个动画片，可以拿来。就这样，在困难面前，我们把大家的力量集合起来，这是最好的办法。第二次陈述就完全不一样了，我也展示了我们合作团队在历届奥运会中的成功经验，我们的方案设计有哪些得失，在安全可靠方面我们是如何考虑的。十几轮下来，到最后就只剩下三家，就是我们，还有另外两家美国公司。这叫"全球竞争性比选招标"，这是全世界没有过的，把竞争、比选、招标结合到一起。

在最关键的时刻，我们能赢他们靠两点：第一，安全可靠。第二，决策快。当时这些国际公司就做两套备用系统，我们做了三套。在最后一轮给专家们陈述的时候，我在那里——那是我第三次感动了别人。我进去时，屋里坐了 30 几位专家，我先给大家鞠了一躬。我说：这一鞠躬不是代表我自己，而是代表中国专业音响国产品牌，如果没有大家的支持，中国奥运会就没有了国产专业音响的身影，中国专业音响 50 年不再会有出头之日，所以我给大家鞠躬，希望大家能够帮助国产专业音响进入奥运会。鞠完这个躬以后，我自己掉眼泪了。

我很激动，心里也很紧张，这是最后的陈述。后来专家说，徐总，你搞的我们心里酸酸的，很难受，眼泪都要出来了。后来有专家跟我开玩笑说，徐总，你讲的不靠谱，你跟我们讲 50 年，跟别人讲的时候怎么又变成 100 年了。

首先，我们感动了大家。而且老外全部做了两套系统，我们做了三套系统。我跟专家讲，我说国际公司是带着商业目的来做这件事，对于他们来说做了又挣钱又挣名。做砸了，他只是赔钱。对于我们这样一个新兴的中国公司来说，我们不存在赔钱不赔钱的问题。我借用一句话，叫"祖国的利益高于一切"，今天我们作为国产专业音响，我们中国人的荣耀和使命感高于一切，希望大家放心交给我们。我们做了三套系统，更加安全、可靠，而且我们这个国际化团队同样具有奥运会经验。

第二个制胜点是当所有决定做不下来的时候，业主提出了更高要求，问竞标者能不能接受，并且要 2 天内答复。我说我现在打个电话，10 分钟，我们给各个合作伙伴打完电话，然后进来说，我们对业主提出的三点新要求全部答应，我已经写了一张纸，签上我的名，盖上我们的公章。当时公章我都带去了，我就怕有什么事情。

最后，谈判怕业主提出什么要求时没有公章，不能迅速地决定。那天是星期五，业主把跟我们竞争的国际公司叫来后，问能不能接受三个新要求。国际公司说，我们马上汇报。但是周末的时候，他们公司亚太区总部老总休假去了，手机关机。欧洲区管项目的全球副总是法国人，也度假去了，星期一才能答复。到了星期一他们又说，还要给全球总裁去汇报，还要 5、6 天时间。

我对业主说，你给我们两天时间，我已经答复你了，为什么老外迟迟不能答应？说明这事他们不重视。国际公司这种审批的流程太长了。所以，国际公司也有软肋的，象太大了，身体转动就不灵活了。这就是我们中国式的营销方式，"乱拳打死老师傅"，靠的是技巧。

最后我们获得了成功，今天回过头来看，奥运会的成功是必然的。只要把握好中间的这个过程，你也一样成功。由于有了奥运会成功，奥运会结束后，我们跟广州亚运会的谈判取得了突破性进展。广州亚组委认为，作为广州本土的企业，作为第一家跟广州亚组委谈判的民营企业，北京奥运会鸟巢开闭幕式的成功已经证明了这家公司的实力，这个公司有决心、有能力、有实力，而且充满了热情。因此就迅速跟我们签订了合作协议。

中国民企靠永不言败走向世界

奥运会8月8日召开，我就相信我们能把这些事情办好了，奥运会的成功奠定了基础，我们趁热打铁迅速签订了广州亚运会合作伙伴。

在签订协议没多久，有三家专业音响公司跟亚组委说，愿意以比我们相对更优惠的合作条款抢这个亚运会的合作伙伴，但是亚组委已经跟我们签订合同了，基本上他们已经没有机会了。所以北京奥运会给我们开创了一个新的台阶，在跟广州亚运会的接触中，我认识了亚奥理事会的人，而且亚奥理事会对于我们奥运会的成功给予了很高的评价。我现在去中东、欧洲，包括去英国参与伦敦奥运会的合作，他们对于北京奥运会都有很高的评价。

去年去英国，我们见到的英国人，只要告诉他，我们做过中国的奥运会。他们就说，你们来英国做奥运会没有问题，中国奥运会太成功了，我们相信你们的实力。

中国奥运会奠定了中国在国际上的形象，我们中国这些企业怎样利用奥运会提升我们的品牌和价值？怎样利用奥运会走出国门，向世界推广我们？就像傍大款一样，我们比较弱小的中小民营企业怎么成长？我认为"傍大款"是一个很好的手段和战略。

奥运会成功了，广州亚运会和伦敦奥运会我也趁热打铁签了下来。通过跟广州亚运会的合作，我们接触了亚奥理事会，亚奥理事会也在不断测试我们。在 2008 年北京奥运会结束后的 10 天，他们说：我们有一个活，你们帮我们干吧。我们只有 15 天时间准备，就完成了亚奥理事会举办的第一届亚洲沙滩运动会，用的就是我们整个在奥运的团队。那是我们第一次组成团队，去国外服务一个大赛事。中国人的严谨，我们的精神，以及经营奥运会的能力，使我们的成功成为必然。

如果今天再回过头看的话，我们再做奥运会，我们会赚大钱。因为一开始我们没有经验，总要交学费。但是这"交学费"本身也都是财富。

奥运会的经验，我总结出五点：

第一，一定要参与这种国际竞争，这种国际竞争能够让我们站在一个更高的平台上去看风景。南京的十运会是中国人在竞争，所谓的国际公司其实是中国代理。顶多有几个外国人来搞技术。来竞争奥运会的，可都是真正意义上能够做决策的外国人。这种见世面的经验非常重要，参与了北京奥运会，让我们站在一个更高的平台上看到不一样的风景。就像比赛一样，到了更高层次的比赛。做完奥运会之后，今后在亚洲竞争时，竞争还会这样激烈吗？还有这么厉害的公司吗？没有。所以看风景的平台高了之后，我们的作战能力都得到了极大地提高。

第二，让我们知道怎样才算安全可靠。这个安全可靠不只是停留在嘴上，而是怎样制定一个完整的安全可靠的应急处理方案。今天中国的专业音响公司没有哪一个公司可以拿得出像我们这样的全方位保驾护航的应急处理服务方案。

第三，锻炼了一支可以参与国际竞争的队伍。今天做亚沙会等一系列活动的时候，我的团队都有经验了。

第四，把我们的产品和技术力量提升到一个新的高度。这个高度不是一个工厂按部就班能够完成的，比如鸟巢里的音响有重量的要求，我们为了减轻产品重量，找了一千多种材料，做了300多种方案和几百种测试。这不是一个公司短期内就能做出来的，这需要超常规的方式。而且大家都没有做过奥运会，不知道怎么弄，所以每一样东西都要精益求精，就连一个螺丝都要送到技术监督局和有关检查部门检测、盖章，这让我们对产品的品质、技术的认真和严谨都有了更新更高的认识。

第五，说有也有，说没有也没有，就是锻炼了我们管理层的作战能力，提升了管理水平。这是奥运会带给我们的五点。

其实就是永不言败的精神，百折不挠的精神，这是一个中国民营企业走向世界的精神。

"营销大师"害了中国企业

现在许多中国公司也在学这种赞助的方式。世博会有一大批的公司在赞助，赞助奥运会带来的赢利点对一般的中国公司来讲，总被认为是谜团，造成许多企业参与这些活动的积极性不高：

第一，中国所谓的营销大师们害了中国的企业，为什么？许多所谓的营销大师在报刊杂志上说联想参与奥运会，花了这么多的赞助金额，把标志合在了一起，并没有什么实际效果，是个失败的案例，这让许多有兴趣参与这些活动的人失去了信心和参与的热情。

第二，组委会在市场推广计划上，并没有很好地把他们能给的商业回报告诉大家。因为这里与国际市场开发有关系，叫"个性化谈判"，在外面看是一个套餐，其实许多细节要进里面谈。但许多人刚看到这个套餐不喜欢，或者达不到他们的标准时，就扭头不进去了。

第三，大型活动市场开发的商业回报在中国才刚刚兴起，还没有成熟的经验和经验丰富的团队，也没有专门去研究这个盈利方法的专家、学者去教育市场。

上述三点是外部环境，那内部环境呢？中国的企业总是在用传统的营销方式做事。今天回头再做营销，我一定不会用传统的方式做。传统方式的营销投一百块钱进去可能会显示出两块钱的品牌效果出来，我们中小企业与国有企业、外企都不能比，必须是投两块钱进去要有一百块钱的价值出来，这才是我们民营企业要获得的资源。

营销创新不能用传统的思维方式思考。上海的世博会、北京的奥运会，包括广州亚运会，很多企业都没有认识到这些品牌飞跃和企业飞跃的支点。因为基于前面许多的因素而失去了这个机会，我替中国的许多民营企业感到惋惜，没有抓住这个机会，其实这些机会就是一个个能够让我们进行快速腾飞的支点。

关于这种大型活动赞助问题，虽然具体的谈判细节不能讲，但是可以告诉大家，我给了你赞助，你给我什么？这个其实是大有学问的。就像在餐厅有 A、B、C、D 四个套餐，每个里面有一样东西是你喜欢的，可是这些套餐，没有一样找到你的结合点，而且每个都不便宜：这里面有喜欢的咖啡，但是不喜欢牛排；这里面有咖啡，但又有洋葱；这里面有牛排，又配着奶茶……套餐摆在里面，你只有进去以后与组委会谈，才能确认 A 餐的奶茶、B 餐的咖啡、C 餐的牛排、D 餐的牛尾汤能否搞一个新的套餐，就去谈嘛，而这个，就叫"个性化市场回报商务谈判"，你只有进去之后才能知道。

我们为什么在上海世博会签协议前一天放弃？都已经过了那么多槛、那么多的战斗，最后选择放弃，不可惜吗？这里面有几个问题。

第一，上海的国际化程度很高，他们对市场开发摸得非常透，市场开发的时间长，我们这些想获得较大利益的赞助商，越到最后，能够实现回报价值的机会就越少，因为他们总是决定不了。直到临近世博会的开幕了，还有许多东西没定下来，那我们不能这样无限制的等下去——首先，我对自己负责任，时间不够了，出了问题谁负责？第二，时间一天天逼近，许多商业价值已经失去了，也没有更多获利的机会了。做不做，是企业自己要思考的东西，用什么方式做，这是你决策的问题。简单点说就是算了帐，然后发现并不是很划算。

企业在做许多重大决策的时候，一定要在看到商业机会的同时也看到风险，要对风险进行评估，能不能干，不是所有的面包都是可以吃的，吃得不好会撑死你。

中国企业在体育营销上需要不断地总结经验教训。我们也需要不断成长。我是 2001 年从 TCL 出来的，2004 年去的锐丰音响。如果现在回去，我会问 TCL 一个问题，为什么 TCL 做广州亚运会的时候不去做数字家庭的赞助商呢？亚运村里有一万多套房子，在亚运会期间，一万多名裁判员、运动员、技术官员都会住进去，入住房间的标准是什么呢？要有家具、空调、冰箱、洗衣机、彩电等等。数字家庭中涵盖的所有产品都可以进去，TCL 为什么没有做这个营销，而去选择做大屏幕呢？我很想不通，为什么 TCL 选择了一个没有用的商业模式做亚运会赞助呢？在 2000 年的时候，TCL 就提出数字家庭的概念，为什么赞助以后不要求政府采购他们数字家庭的东西呢？国外公司很重视大型活动营销。中国是一个体育大国，体育活动是全世界最多的，可是中国的公司没有好好地利用这些机会。

有了江湖口碑谁也不怕

我觉得干什么事情一定要有团队的力量，当你许多的东西得不到团队中人的理解，或者不能支持的时候，这是疯狂的。也告诉我以后做一件事的时候，一定要与团队的人沟通，只有大家的帮助，你才会有更好的成功基础。

只有你自己投入、感动了，你才能感动别人，才能带动大家、团结大家。我是一个很喜欢精神享受的人，虽然许多人觉得我很有钱，但是我这些年真的没有挣到什么大钱。许多人问我为什么还充满了热情和激情干活呢？有领导对我说"徐总，你知道我为什么帮你吗？我帮你是看到一个做企业、做 CEO 的人，为了把事情做好，在企业不能提供资源的时候，你能够动员你所有私人的、家庭的、朋友的资源为你的梦想做事情，我觉得你的精神很不容易。"

我把战胜竞争对手当作一种生命的快乐。我一辈子都会充满战斗精神。我做人做事的原则也可以与大家分享。

第一，做什么事情都要留个好名声。不能做一行就有一个坏名声，我想有一个好名声，这个好名声是所有人都认可你的人品好、业务能力出众。

我每做一个行业，都会在行业里面留一个好口碑，包括我服务过的企业老板，到今天为止，还是我的朋友，这是我的做人原则。

第二，人要行大道。天下没有不透风的墙，以我今天的资历，想要有钱是很容易的，随便搞一点小动作也可以赚不少，但是我从来不屑于干这些事。天下没有不透风的墙，传出去了没有好结果，这也是对做职业经理人的鞭策吧。

第三，服务好一个老板，服务好一个企业，要忠诚，把每一件事当成自己的事。干干净净地来，在离去时也干干净净地走。

我自己的梦想是老了以后，钱够用就好，找个地方当老师，把课讲好，不缺钱花，有一定的江湖口碑，谁也不用怕。

（改编自《亚布力观点》2010 年 6 月刊）

他们的追求

艾路明：尊重人的价值

陈琦伟：让企业更加具备公众价值

武克钢：呼唤工商文明

武汉当代科技产业集团有限公司董事长

艾路明：

尊重人的价值

管理理论的创新是根本

企业要发展还涉及到一个问题，就是中国企业最后过渡怎么完成？是走一条家族制的道路，还是真正民主化道路？客观来说，家族企业不一定不好。但总体上，比较符合未来发展方向还应该是股份制的模式。

怎样能完成好企业交接，不只是我们的问题，可能是整个中国民营企业需要面临的问题。一个国家经济发展的好坏，与管理理论创新的能力有关系。比如英国，在 1855 年就通过了《有限责任法案》，是有限责任成为股份公司的一项基本制度特征，该制度对风险减除、投资激励和资本流动都具有积极的功能，其制度安排，在英国得到了充分发展，并促进了世界经济的飞跃。所以我认为，除工业革命带来的技术变化外，管理理论的发展具有更根本的意义。

美国的经济发展一方面是由于股份制的充分发挥，另一方面他们的管理理论也有很大发展，比如泰罗制。20 世纪 70、80 年代，日本也有自己的一套管理理论的演变，比如松下、丰田的管理模式，都有引起整个管理理论变化的东西。

那么，中国若要成为经济充分发展的世界领先国家，在管理理论方面也应该有创新的地方。如果没有这样大的背景创新，没有比较深入的创新的话，将很难真正使中国企业走向世界，或使中国的经济走向世界前列。

所以我们提出企业内部应该有一些重大变化，管理层的交接不是股份制的方式，不是谁的股权多就谁说了算。我们希望是一个三三制的结构——就是股东占三分之一的表决权，管理层和员工各占三分之一的表决权。

我们的想法是，企业应该是由三方面组成的利益共同体。一个企业未来的核心领导人，应该反映这三方面的利益，可行的办法之一就是选举。这里无非是要做一些制度安排，比如股东有 33% 的表决权、管理层有 33% 的表决权、职工也有 33% 的表决权，这个时候再选出几个候选人，我们初步是这么考虑的。总的思路已经很明确，这个模式的具体细节如何设计，可能还需要一个过程。

现在，我们在做一个管理层的界定、职工代表选举的界定，就是怎样才是有效的职工代表选举的结果。股东比较简单，股东就是这些票数。现在的问题包括票数的设计和谁来提名候选人。目前倾向于由上一届董事长来提名候选人，那这是否最适合？现在也有争议，但是我们可以慢慢设计。

　　我们设想，一个董事长只能做三届。我已经做了很长时间，由我开始做一届，还有两三年就到换届时间了。我就不做了，就算再有能力也不让一个人一直做，我们就不相信企业离不开谁。

　　从我自己的感受看，企业换一个新的领导人，他确实会有不同的想法，可能好，也可能不好。但多数情况下会好，因为一个企业完全按照一个人的想法做，这个想法相对来说还会比较固定的，比如我有自己做事的模式，因为年龄也大了，自然而然形成了一些惯性的东西，其实不一定是好事。而且如果有这样的发展空间，很多优秀的人都会愿意加入这个团队，所有人都有可能让集团按照他的思想来操作，这样就有吸引力。

　　我们还有一个制度安排，我有一部分股份不是我个人的，而是将来谁做董事长就转给谁，哪怕这个人一股没有，我的这部分股份也必须转给他控制。但这个股份有一定比例，现在内部已经很明确，把这一股份作为董事长股，谁坐这个位置，就给谁，以增加他的表决权和他利益的安排。

尊重人性中基本的要素

　　这个制度的哲学意义是什么？是人的价值。人本主义是它的哲学背景。因为企业是由人构成的，每个人有不同的发展需求。从这个角度来说，企业能够做好和一个国家、一个团队要成长好是一个道理，最重要的是要尊重人性中基本的要素。比方说，对创造性的尊重、对错误的容忍，这些都是构成人类正面价值的东西，背后是这种因素在起作用。

　　各种方式都不一定错，无非就是哪一个会成为更符合未来发展趋势的东西。也许完全由家族做一辈子也是对的。我常说"条条大道通罗马"，我本身很反对唯一性。但在这个过程中，找到一些普遍价值、普遍规律还是有意义的，多元化当然重要。这一套企业传承的东西，背后还有更深远的东西，批判地认识，以及对多元的认识其实都是它的构成基础，没有这些就不会有新的东西了。

另外，相对来说，这种传承的方式符合普遍的价值规律、普遍的判断、对人性深度尊重的一些因素。所以它值得追求。

在同一个平行结构上面，我们整个企业内部比较平面化了。职工之间、岗位之间的轮换早就实行。过去那是一个上下的结构，现在是在平面上。但是从上往下的结构并没有解决，我希望能够立体的解决，从下到上、从上到下都能进行一些变化，我认为这种"三三制"更符合人的发展需求。

我们任何一个新项目的决定，有许多人参与，包括市场环节的、科研的、还有管理层，以及一般职工，参加生产实验的人都要提意见。如果生产的人觉得都没有办法做，怎么能做出来呢？可能实验项目可以做出来，但也许装备或工业化的能力不够，或是国家的配套能力不够，导致无法大规模生产，那何必做呢？大家还比较放得开，行或不行每个人都能参与意见。

在这方面，我还有一个想法，就是最大化的问题。我们很早以前就规定了一个原则，在所有的决策中间，不追求最好。假定有四或五种选择，A是最优的，E是最差的，我一定选择B，绝不会选择最好。假定是成本最小的话，我也选择一个较次的成本，我一定不要效益最大的，而是要"次好"一点的。

如果追求两种最大化，或者是追求第一。通常去动员的成本也是最高的，最后形成的成本是最高的。因为企业运行一定是多方面结合在一起。甚至于企业的文化，这实际上是某种企业文化气氛的概念，在这个氛围里，我不要求你追求最好，一定是追求次好的东西。因为任何一个人、一个企业都很小，你不可能把握它背后的所有因素。如果是这样，为什么要追求最大化呢？"最大化"的最终结果可能不是最大化，也不一定是最好或第一。

因为你不可能全部什么都了解。所以选择次好的方案，综合来说还是相对合理一些。

中国民营企业没有原罪

在中国民营企业中，有一个很深重的负担，就是所谓的原罪。和我交流的一些民营企业家，多数人也认为是有原罪的。比如在创业时期，以及发展过程中的种种不规范行为，他们认为这是一种原罪。有的说，民营企业在创生的那一瞬间，它就已经带有这种东西。

原罪是出自于圣经，是说亚当、夏娃偷吃禁果违背了上帝旨意，由他们产生人类。因为人类来源于亚当、夏娃，所以人在降生的一瞬，人自身就有罪，而且这种罪是原罪，不是以后作恶、违反道德戒律而产生的。从这个意义来说，所有人都有罪，这就叫原罪。从这个角度来看，中国民营企业也是这样，从产生的一瞬间，就带有和这个体制相违背的一些元素。

实际上，这是不对的。我认为中国民营企业没有原罪。为什么？假定在亚当、夏娃产生之前，在没有人只有上帝的时候，如果上帝本来就给了世界两个因素，一个是善的，一个是恶的。甚至进一步说，如果上帝本身就有两方面，那它就不是人类的原罪了。就是另外一种罪了，对不对？在研究所谓诺斯替主义（灵知主义）时，这个思潮兴起于基督教产生前后，有一个看法就认为这是前罪。到底是原罪还是前罪？如果是原罪那人类一开始就有，如果是前罪，那就不是人类的必然性而是上帝或神的必然性。如果是这样，那中国民营企业到底有没有原罪？

从这个意义上讲，如果制度安排一直是这样，如果在民企产生之前已经产生了两种不同的东西——计划经济和市场经济，本来就有这样两种因素的存在，那么，几乎所有的中国民营企业都不存在原罪的问题。而是前面已经有了矛盾，而非企业家造成的。所以，中国民营企业这个原罪的心理负担应该彻底解除，我们没有原罪。

民营企业如果没有原罪，就不一定能被找到毛病。可能很多企业在后期，在这样的制度安排下产生不合法或者违规的行为，但那不是原罪，而是后罪，因为违法了，就应该承担法律责任。但在整个对中国民营企业价值的判断上，首先应该是正面的，或者说首先应该是"无"，是既不好也不坏。而不是说因为你有原罪，所以想整你就可以整你。而且这给中国民营企业家带来一个很深重的宗教学意义上的负担。总感觉自己好像真的有问题，其实不需要这样。从宗教学意义上，我认为可以把这个问题解决掉。

对基督教而言，所有人都有原罪。不管他是利用负面判断做基础来统摄人，还是从人自身局限能力的约束来考虑。在人类的活动过程中，受必然性的支配越来越弱，人类能够在必然性认识的过程中，越来越能掌握这种必然性。今天的生物科技都可以克隆人了，没有了局限。实际上这是很危险的，我认为应该有某种绝对的存在，人是应该受到约束的。

比如，退到企业的层面来说就比较简单，为什么很多企业会失败？其中很重要的一个原因是他觉得自己无所不能，认为自己所有的都正确，除了纵欲的表现之外，他要膨胀。纵欲是很宽泛的概念，比如吃喝、穿着很好的衣服、有很高的消费，诸如此类。这其实应该受到约束，而这个约束应该来自于某种绝对的存在，或者我们说是上帝。

我自己并不信教，但是我觉得宗教这套认识世界的方式和理论，与理性的认识方式不同，它应该是符合人的长远发展的需求。从宗教学的意义上，确实要有一个绝对的存在，所谓的万知万能。作为科学探究的时候，你要找到这个支点时，有时可能容易把创造性抹杀掉，所以中世纪的结论就是这样。但后来人们也突破了这种一元认识，最后才有了今天这样多元的发展。这种原罪的认识，在整个发展过程中有其必然性。

我恐惧所有的东西，对人、对事、对自然，我都怀着很大的敬畏。当年我漂流长江回来，很多记者写文章就说是征服了自然。我说，我这不叫征服自然，而是融合到自然里面去了。因为你不可能征服自然，这有什么了不起？不就是在长江中漂一漂，你活过来了么。因为河还在那里流，不会因为有人漂流过就改变。登了珠穆朗玛峰又怎样？山还在那里，还在长，人征服它什么了？只是爬上去看了一眼。我很敬重那些登上珠峰的人，但我相信登上珠峰的人，不会说自己征服了珠峰，他不过是站在了山顶上一会而已。

三农问题的核心是土地制度

1995 年，我们当时在武汉东湖开发区，是在洪山区范围内，是一个城郊区。区里领导就提出来，一个好企业要扶贫带一个村。一开始扶贫就是给钱，头几年我们也给了钱，但是发现那个钱没有用在农民身上。所以我跟区里提出来，这样做还不如让我去当村长书记，至少我不会吃喝村里的，我可以做一点事情，区里也觉得这个创意挺好，我就去了。当时找了一个最贫困的村——洪山区九峰乡新洪村。1998 年开始搞海选，因为村民委员会组织法规定必须是本村户口才能参加选举，我就把户口转到村里去了，所以我确实是农民。

当村长书记之后，很多事必须管，比如婆媳吵架。我刚进村的时候，妯娌两个吵架，互相拿着农药就喝了，一个喝了真农药、一个喝了假农药。真假不是自己选的，是别人卖的就有真、有假。结果喝真农药的死了，喝假农药的没死，死者家属一个村里的人都跑来扯皮打架。这类事情必须得面对。还有计划生育、分田、种地，都要处理，至少我会比较公正，而且我跟大家关系都很好。

1995 年，我在读博士，做的选题跟扶贫有关系，写了一篇论文叫《小额贷款与缓解贫困》。我当时做了一个实验，每家一亩地贷 300 块钱，我们来指导种什么。然后我们进行收购，保证能卖出去。现在已经是很普及的路径，也是经济学里的常识，就是小额贷款对缓解贫困很有价值，但当年至少做这个研究的并不多，实际操作的更少。

孟加拉国格莱珉银行做小额贷款时，是上世纪 80 年代开始的。但在中国，我们也不知道他们的操作。我认为小额贷款还是比较有效果的，一亩地贷 300 块钱，农民没有不还钱的，因为他的收益提高了。而且第二年农民如果要买种子、化肥或者其他东西的时候，还可以来贷款，他肯定都会还你。由于关系到个人信用，而且大家又互相认识，我借你钱，你不还总是不对的，反而比较安全，后来中国也开始推广小额贷款的方式。

这些年我很大一个感受就是，三农问题的核心就是一个，即土地制度问题，如果把土地给农民了，其他问题都迎刃而解。举个最简单的例子，比如流动人口的问题，大家过年过节来回跑，他为什么要跑？他之所以要回来，不仅是要过年，不仅是看父母，而是要回去证明这个地还是自己承包的。因为土地制度没有完全私有化，他不能卖掉土地而离开。所以他只能回去证明，宁可交钱雇人种田，都要这样做。在很多农村里都是这样，不是别人种地缴租子，而是反过来的。为什么？因为需要证明土地还是我自己的，给钱是请你帮我做，种什么你都能拿走，但土地是我的。

未来中国经济若要持续发展，真正要解决的是土地问题，土地制度是核心，特别是农民的土地制度。现在有一个统计，大概30%-40%的流动人口是举家搬走的，而且在一个地方待了五年以上，这意味着他留在那里的倾向性非常强烈，否则他没必要待五年。他有工作，想买房子又没钱买，如果土地资源能够流转，那他何必还要年年回去？也给国家带来麻烦，中国几亿流动人口，春节期间，还要着急春运。

也许有人说，农民没有土地，又没有工作，那他就没饭吃，就贫困化了。但国家整个的经济效率是怎么体现的？就是劳动生产率最大化，一个国家生产效率才最高。如果土地都是分开种的，怎么可能效率提高？以现在中国技术进步的水平，一个农民种几百亩、几千亩地是没问题的。如果私有化了，效率就提高了。其他那些农民会不会失业？现在证明根本就不可能失业。否则他就不会出去打工，还有很多工作岗位给他。

另外，有人说，还有保险问题，国家不能提供那么多保险。为什么不能提供？农民把土地卖掉后，国家能否做一个制度安排：三分之一的钱农民自己花，三分之一必须买社保，还有三分之一作为银行存款，这是我几年前提的理论。创办一个农民银行，由于农民是股东，有资金在里面，所以农民有权利贷款。而且银行也应该给他贷款，这样农民想要创业就有资金来源了。创业贷款问题解决了，社保资金也解决了，这是多好的事情。

农民怎么可能没有工作岗位？否则大部分农民工怎会找到工作，而且人力成本还在提高。从纯粹经济学的角度来看，劳动力的流动和就业是不存在问题的。以现在中国的经济发展来看，可以提供大量的就业机会，正好可以利用中国劳动力红利的时期，这些劳动力恰恰有很多去向，不存在离了地就不能生活的问题，而恰恰离开土地的农民还可以更好地生活。

这都是与做企业没有关系的，只是谈当农民的一些想法。

（改编自《亚布力观点》2010 年 8 月刊）

亚商集团董事长

陈琦伟：

让企业更加具备公众价值

一不小心经商，见证中国资本市场的早期历程

我可以说是伪"下海"，因为我依然有着教授身份。1988 年成立亚商是一个偶然事件，1986 年，我从美国留学归来，1987 年做了国内的第一家 NGO（非政府组织）——亚洲研究所。亚洲研究所的经费完全不依靠政府预算支持，于是理事会提出，从长远来看，应该有自己的经费来源，提议能否成立一个企业来创造经费支持研究工作，我们以这个本意才做了亚商。

在邓小平南方谈话前后，出现了大量企业。亚商真正做事是以1990年底上海证券交易所成立——中国资本市场的出现为标志，当时资本市场领域虽然小，但这件事一下子让我感觉到，这是一个真正的转折点，未来潜力不可限量。所以就在想，亚商是否可以在资本市场方面做一些事。这也算是入对了行吧。

上海证券交易所成立时，有一个很有意思的故事。当时的成立仪式很热闹。敲锣之后，股票开始交易，多少家上市公司呢？8家！当时在场的有一批北京来的官员，其中一个国家计委的官员问：这8家都是什么公司？上海的一个负责人说：噢，都是小公司，乡镇企业、集体企业、合资企业。当时在场的几个人纷纷点头，因为他们认为国有企业是不用到证券交易所进行股票融资的。

这件事令我印象深刻。在上交所成立的现场，很多人显然小看和低估了上市公司的潜力，低估了资本市场的潜力，认为只是名不见经传的小企业在那里玩玩，他们当时并不知道其实资本市场的发展空间未来会非常大。

亚商最初的主业，就这样基于上交所成立的契机，确定了围绕资本市场和股票市场做顾问业务，于是亚商从1990年代开始做咨询业务。所以从经商意义来讲，我也可算是"92派"范畴。但如果"92派"单指官员下海，那我则不算。总之，我也不存在是否"下海"的问题，而且亚商的业务与我在美国留学时所学专业也有关系，所以乐见其成。另外，作为亚商创办人，即使到现在我都没有在实际经营方面操心太多，因为亚商一直有专门负责经营的团队。我的一个基本理念是，学院派经商，在商业天赋，政府关系等方面不见长，那么就应该专注于专业能力的竞争力。这是我这二十多年来一直与团队分享和强调的观点，亚商也一直在这方面身体力行。

资本市场对中国经济发展的意义不可估量

前面我提到，无论如何评价中国资本市场对中国经济发展的意义都不算高估，因为它是现代经济运作的核心和枢纽。事实上，中国过去 20 年经济成功，资本市场居功至伟。

与国际上比较，静态来看，中国资本市场的确存在许多非常严重的问题，而且每个阶段都会出现不同问题。比如成立证券交易所初期，没有证监会，股票炒翻天了都无人监管。人心激荡，股价一天就涨了几倍——在 90 年代初，这对中国老百姓的财富观冲击力非常大，滋生了公众对股市的狂热。因为过去没有股票市场和其他理财通道，老百姓只能到银行存款，利息也很低。资本市场成立后，大家发现股票可以炒，就争相追逐利润。政府后来发现不对，于是成立了证监会。因此，中国股市在刚出现时，如果按国际标准来评判，完全是先天不足的。在发展过程中出现了做假账、关联交易、内幕交易，各式各样的违规层出不穷。

对企业而言，资本市场最大的作用和诱惑是资金。上市后可以从公众手里获取资本，这变成了利益诱惑，因为一个企业的发展需要资本，资本增加可以使企业财务状态变好，就可以从银行拿到贷款。有了这样的诱惑，中国企业蜂拥至股市，大家都看到了其后面发展的历史——现在中国著名的品牌企业几乎都是上市公司。

企业大都有上市意愿，大部分企业是为圈钱而来，但获得资本后，就需要遵循新的游戏规则，例如对于企业的公司管理结构、信息披露有了要求。这相对于无规则或民企的江湖规则而言，是一个实质进步。纯粹的私营企业只是靠江湖规矩做企业，所以会习惯做假账。

上市公司的游戏规则是让企业运作对公众和社会要透明，从这个意义来说，中国资本市场在不健全、有缺陷的情况下，发展得这么快，这么多的主流企业上市融到资金，这么多的民间资金投入生产性用途。这对中国经济的进步有不可估量的作用。这不是靠政府培训能够解决的，而是靠一种市场制度性的力量，这才是真正的制度力量。

从 20 年前中国第一代企业到现在第三代科技型、创新型的企业，我们很明显地看到影响这些企业的重要力量就是资本的力量。

企业家为什么经商？有些人说是为了赚钱，这是常理。而新一代企业家（90 年代末、21 世纪初出现的企业家）越来越搞清楚了，不仅要把产品做好，更要真正做好企业，并且能够让企业上市。企业的价值就得到了公众认可，他的成功会实现一个飞跃。

企业上市后是怎样的评价标准？最重要的就是看股票的价格和市值。不是某一天的股价，而是长远、长期的平均股价所形成的公司市值。在国际上，在资本市场中，市值是企业真正价值的最重要指标之一。

市值是企业真正的实力。公司上市后，市场会用投资来评价你。瘦肉精事件出来后，双汇召开万人大会，其中有人高喊双汇万岁——这些都可以自吹自擂，但是市场和公众并不买账，大家还是会抛售股票，所以双汇的市值损失了上百亿。

这就是资本市场的现代市场经济制度的魅力，也是促使亚商一直从事这项行业的感召力。有了这样的资本市场机制，我们帮助企业进入资本市场就很有意思。这样企业的经营就不纯粹是为赚钱，而是要做出公众认可的好企业。

用更加符合公众价值的方式运营，企业才能做得更长久

什么样的企业适合资本市场生长，要遵守资本市场的游戏规则，这是一个大概念。毫无疑问，资本市场有自己的游戏规则，就像中国足球的游戏规则一样，虽讲得很清楚，但可能会存在执法不严、假哨、黑哨等猫

腻，这可能会造成一种扭曲。而总体来说，这种游戏规则还起作用。

所谓对后来者的忠告，从亚商自身经历来讲——做企业要有自己的基本价值观。有些人做企业就是为了赚钱，这也是一种价值观，这就是为什么总体上中国企业寿命很短的原因，许多企业昙花一现后就倒下去了，比如三鹿等。企业的价值观对企业运作有根本性作用，资本市场的企业价值观其实并不那么玄幻，最根本的是在企业进入资本市场后，企业的运作基础是依靠公众支持。如果你在资本市场行骗一次，做了一次令人失望的事，大家都会记住你。比如双汇，再比如中国的乳业企业。企业造成内伤了，要再次得到公众的信任就要付出很多很多。资本市场的游戏规则是用公众对企业诚信和责任心的期待，用市场的方式、制度的方式来约束企业。

中国过去 20 年中，有太多明星企业堕落或破产，比如当年很有名的银广夏，它们就是造假，把泡沫吹得很大。当时亚商还在做企业咨询，我们与《中国证券报》合作每年评出"中国最有发展潜力的上市公司"，那年银广夏非常希望入选，它已经快出问题了，他们仍用媒体宣传、公关，把一层层浆糊抹在外面。他们拼命公关，希望能够评上 50 强。我们那时与银广夏的高层交流后，感觉他们危机重重，而且他们最大的问题是做了许多不能澄清的、忽悠公众的事，最后终于纸包不住火了。

现在亚商做投资也是如此。亚商最初做风险投资时，投资了一家高科技企业，产品技术非常好。领头人是中科院的院士，公司里挂着他与国家三位主要领导人的合影。我们投资的目的是准备让这家企业上市，但如果让企业上市的话，其治理结构就非常重要。所谓治理结构是对公司进行管理和控制的体系，治理结构需要有透明度和可信度。虽然这家企业的产品、技术都很好，但这家企业是家长制的，领头人一个人说了算。这种情况在中国很多，今天也有类似情况，这是人的本性，因为人有权力欲望和控制欲望，如果没有任何约束，他愿意拥有更多权力。许多企业的创办人也是明星，光环非常大，光环过大之后，企业家个人的决策就起到了关键作用，因此缺少合理的决策机制。这种企业有时成功的效益会很高，但风险也会很大。

我是教授出身，知道教授的毛病。教授与院士一样，在学术领域会很优秀，或比一般人好很多，所以我们可以教别人东西，但如果跨领域去经商、管理企业，很有可能做不好。因为我们本来是用研究专业的方式在做事情，比如做学术研究，要收集资料、形成思想，就像个体户一样。学者要形成自己的思想，不是靠与别人交流或分享得来。伟大的科学家全部是自己在苦思冥想，这就造成了其性格特点，很有个体户色彩。在做科学家时，人比较清贫，当经商时，他有了权力，我们投资他的企业，大笔钱投进去了，这个领导者的财富和权力控制欲望就增长起来了，他希望自己一个人说了算，不愿意别人制约他。这种企业可能一时不会出事，但将来可能出事，他很有可能因为随心所欲而做出错误决策。

最后，因为不能容忍他的独裁，他的发明小组创始人全部离他而去。他们离开后，技术应用和产品开发就受到了一定影响，企业最终倒了。这家企业的失败，不是因为本身的产品技术有什么问题，而是治理结构出了问题。

亚商当初做咨询时是为行业龙头企业或上市企业服务，现在做投资是要投资未来的明星企业。在企业如何才能做得长久的问题上，我们还是有经验和独特体会的。我们最喜欢那些愿意规范运作，通过核心竞争力去赚阳光下的利润，而不是靠玩小聪明和计谋的企业家。这样的企业家带领的企业才会走得更长久。

做企业好比盖房子，要让别人住进来也很舒服

打个通俗比喻，想要经营一家企业，并让其变成百年老店，就好比盖一栋房子，自己住得舒服、方便，在哪里都能赚钱，这只是基础，想要真

正做好一家企业，这还远远不够。因为当企业需要扩大经营时，会有其他人，其他资源参与进来。当其他人进入房子后，发现房子的结构可能太个性化，别人摸不着头脑，就会感觉不舒服，这样的企业不太可能一直做得很大。想要做大做久的企业，就需要让能真正对你有帮助的他人住进来也舒服。

这也可能是中国和像美国这样的老牌文明国家的差别吧。在美国，有许多百年历史的房子，现在还能住人，还能在市场中买卖。但在中国，清朝末年、20世纪初盖的房子，现在已完全不能住人。比如过去的房子没有设计卫生间，而现在的房子有，差别很大。中国的老房子从功能上来说只能拆掉或做博物馆。而美国百年的房子还能住人，房子寿命很长。企业也是如此，不要认为产品在一段时间内卖得好就可以了，更重要的是企业构架要更加具备公众价值。能够让别人加入之后，效率越高，改观越少，企业的寿命就越长。

亚商投资了50多家企业。在与这些企业家沟通时，我们会明确提出：如果愿意接受我们的投资，一个很重要的条件就是要构建良好的公司治理结构。在没有接受风险投资或股权投资前，企业就好比是个单身汉，可能有各种各样的个人习惯。在投资人进来后，就是有新的人与你一起过日子了，那你就需要改变一些很个人的生活习惯，比如不能不洗碗，不能不洗脚，房间要打扫干净，所谓的公司治理结构也就是大家都能接受的游戏规则。

我们曾在成都投资一家药品企业，现在是创业板上市公司。我们投资不久，这家企业创始人说自己喜欢足球，想投资足球队。投资球队是要花钱的，他要用企业的钱投资球队，这件事不能做，因为我们投资这家企业是为了一起做药品，不是为了足球。你个人喜欢足球，不等于你的股东喜欢，也不等于这个公司需要足球。经过沟通，他接受了我们的意见。类似这种事情说明，遵守游戏规则的重要性。

许多第三代的、新创企业的企业家，他们有成为业内最优的志向，希望顺着这个方向做下去，并且要做到最佳。第一代可能并没有这样的想法，当时能够活下来就很不错了。但今天中国的发展已不同往日，企业家已有可能在创立企业时想到要做出公众价值，将企业做到长远，这样才有可能占据行业的领先地位，才有可能通过自己的经营去服务社会，改变社会。

比如微软、苹果，包括今天的 Facebook 等，都改变了人们的生活方式。这些才是伟大企业。企业的意义就超过赚钱本身了。它会对社会的改变和进步做出积极贡献。我相信对整个中国企业界来说，大家会越来越清晰地意识到这种社会责任。这些年，我很明显看到亚布力企业家论坛的理事们都越来越有这种意识，而且越来越能发力了，这很有意思。

从咨询到投资，更能使企业与亚商共同实现价值

亚商从事股权投资已 10 余年，在中国做得算比较早，也是阴差阳错。对我来说，在 1980 年代末虽已成立了亚商，但我的主要兴趣还在经济改革的研究等领域。到 1990 年代初中国资本市场的出现，打开了一个新窗口，亚商就有机会借助资本市场发力了。中国资本市场的起步期，许多问题都是空白，因此不光要研究，还要去实践。当时《上海证券报》报道说亚商是一个文科教授的实验室。这就是我给自己找的做亚商的理由，也因

为我是教授，所以最初的方式是以咨询为主，我们帮助想要上市的企业出方案、进行调整。

做了一段以咨询为主的经营后，我也希望改变。我们知道，许多第一代、第二代企业家就是背水一战，没有退路。而从严格意义上来讲，我并不算下海，我是下去游一会儿，要爬也爬得上来。正因为有退路，所以就做了很久的咨询，所以是有利也有弊。但由于亚商从事咨询也很早，当初市场形势很好，赚钱很容易，所以并没有想到去寻找一种更加有效率的赚钱方式。虽然做企业不是只为了赚钱，但如果做企业不赚钱，那当然也是不行的。不过由于当时可以赚钱，因此亚商做改变的动力就不大。人都有惰性，我自己体会也是这样，亚商做咨询十来年，而之后的 10 年，股权投资发展得也很快。许多朋友说如果亚商早一点转型，早一点做企业孵化，就会做得更大，很有可能成为中国的龙头大企业。我回答说，这与人的悟性、因缘际会有关，不能做事后诸葛亮，这也说明人有惰性。

随着证券市场在中国的发展，由国情决定，弊病也日益暴露。不少企业抱着圈钱目的进入资本市场，但圈钱后对遵守游戏规则的意识不强，到 1990 年代中后期就出现了一批不良案例，如内幕交易、关联交易，做假账等。所以亚商决定将做咨询赚的钱不投进股市，就想到了做股权投资。这在中国本土算是很早期做股权投资的，做了之后，亚商参与企业的角度就不同了，在咨询的基础上做投资，我们感到不仅对于企业有价值，还能够更多的实现我们自身的价值。

亚商资本在 2011 年以前的近 10 年，年平均回报率达近 70%，从企业经营的角度来说发挥了我们的特长，因为我们做过咨询、了解企业，对于企业的观念把握比较准确。我们作为企业的投资人，我们要与企业长远合作，与企业实现共同价值。

创新是对企业生存和发展的正常要求

企业要想成功，就要有吃螃蟹的精神。以亚商自身经历来说，我们是中国本土最早做咨询的，当年我们做上市公司治理结构时，证监会刚刚成立。他们很好奇，在1993年的中国居然有人在关注公司的规范治理。我们1993年就做兼并收购，2000年开始做风险投资，均是较早的先行者。

我们从自己的经历中切身体会到，一家有生命力的企业必须保持持续的创新力。从这个角度看，中国的主流企业群体国有企业做得最差。近10多年来总体来说国企发展很快，利润和影响都很大，但是公众的口碑却越来越差，为什么？原因很复杂，我自己体会，主要还是创新难的问题。因为国企从根上是没有创新基因的，也不需要创新。其原因讲到底还是体制问题。国企更多的执行政府意志，国企的领导是组织部门委派的，央企领导可以调动变成省部级领导。所以他们本身不需要、也不会想到去创新，因为创新也很容易失败，万一不成功就是给自己找麻烦。所以国企是一种不健全的企业，从机制上来说是不正常的。全世界的国有企业没有一个搞好的。只有中国还在坚持。但事实上国企有内在缺陷，就是先天没有创新。

所谓做企业，每个情况都不同，第一，要看你现在占有多少资源，比如有钱、关系，或知识。第二，这些资源撮合起来后，用什么方法做。许多人可以坐在那儿聊什么事情很赚钱，聊完就算了，而企业家就是要想出一种方式，把这件事情做成功，这就叫创业。

亚商的商业模式比较清晰，以投资带动增值服务，使得我们投资的企业以实现共同价值为参与目标。这个共同价值不光是上市，还包括上市后长期的公众期望，不光是经营要透明规范，还要能够避免风险，同时有创新能力，这也是公众对企业的期望。如果你提供的服务没有创新，公众最终会抛弃你，他们会接受更加有创新精神的企业。从创新本意来说，创新实际上是企业生存和发展的一个正常要求。

亚商当年做咨询时，做过 9 个省市政府，所以我们对国企的改革、创新和增强竞争力是很有热情的。国企是中国社会现实中存在的一大块事物，要面对现实，不可能像当年苏联东欧那样，简单的采取休克疗法，肯定不能全部卖掉或全部私有化掉。国企的前途和未来，唯一正确的方法是一定要更加向市场经济靠拢，而不是离市场经济越来越远。在国企向市场经济靠拢的过程中，我们可以参与，而且可以在其中起到实质性作用。

风险控制与利益分配

亚商投资企业的成功率比较高。我们说是风险投资，其实很不喜欢风险。亚商投资的基本理念是，首先看风险的控制，而不是看赚多少钱。1990 年代亚商咨询服务的几百家企业现在都是中国的龙头企业，我们从大量案例中得到启示，有了这些经验再加上我们的专业知识以及良好的公司治理结构，就能与企业创业团队一起成长。许多企业都明白，亚商投资进来的价值首先是帮助企业避免不必要的风险，更好地控制风险，企业会更加安全，这是远远超过钱本身的价值。

我们投的另外一个案例反映出我们对风险的控制理念。大概 8 年前，我们投了一家化工企业，当时我们觉得这家企业很好，就多投一点，占到 40％的股份，他们的创业团队占了 60％。企业发展起来之后，产品销售利润非常好，要走上市的路。企业一旦上市，能够算出市盈率是多少倍，10 倍、20 倍可以融资多少，公司的价值增加多少等问题。了解这些后，这家企业的心态就变了，这就是人性。他们想，自己企业发展得这么好，赚到的利润亚商要分走 40％，上市之后放大 10 倍、20 倍，一下子要赚那么多钱。他总在惦记别人的钱赚多了，就拖延上市过程。我们沟通了几次，他们就说亚商股份占比太高了。

事实上，我们的比例是较高，但从道理上来讲，当初他刚刚创业，我们投入40％的风险是很大的。现在企业成长起来变成优秀运动员了，回过头来说，万一不成功呢？但他们并不这么想，总认为亚商占便宜了。我们后来开会讨论，认为他们也有道理，我们虽然承担了风险，但企业还是他们的创业团队做出来的。然而按照通常规矩，谈判及协议都办妥了，就该按协议做。而且当初所谈比例是反映当初的风险和收益的平衡，按照国外惯例来讲肯定不会变，要有契约精神。我理解中国国情，这个企业家是第一代企业家，对财富的渴望非常强，因此我们决定让利，退到20％的股份，另外20％作为对管理层创业团队的奖励，以大幅折扣优惠价格给他们，几乎是当初认购价稍微上浮一点儿。谈判中，我们有一个条件，就是这家企业要配合，把上市做成功，我们就把股权让给他们。这非常合理。

有趣的是，他们连亚商20％的股份都觉得很高，他们认为有一大块利润完全可以自己占有。所以他们在外面做了老鼠仓，这样就直接影响上市。这是人性的弱点，他在根子上贪那些钱。所以沟通和说服的意义也不大了。我们决定这家公司不走上市的路了，因此与他商量回购。虽然投资这家企业我们的收益也可以，但上市没有做成功。这个案例后来影响了我们投资的模式，我们为以后的投资定了一个基本原则，再好的有诱惑力的企业、再好的产品，我们原则上投资基本上不超过20％的股份。

在投资某个成长型企业时，我们先期与企业家沟通表明，成长的主要利益由创业团队享受。亚商不反客为主，我们一定让创业团队里的行业专家经营这个企业，而亚商的角色主要就是战略伙伴，帮助企业把治理结构、财务结构和融资关系做好，帮助并配合企业控制市场拓展中的风险。

创业加速器：帮助第三代企业家少走弯路

我很感谢过去的经历。因为我最早是一个仅有经商理念的文科学者，现在积累了这么多实践经验。而且过去 20 年，中国经济快速发展，市场经济的大潮是活生生的，最有声有色的，在这样的大潮中，对经济、市场的感悟才是真实的，与教科书中的描述完全不一样。

做咨询的初衷是想做成一个文科教授的实验室，不是单纯从经商角度。在做了 11 年投资后，我们认为亚商的模式有独特性，在资源上也有独特性。所谓的独特性是指我们对成长型企业的理解。我见过许多海外回来的投资人，他们往往体会不到这点，因为你要实际经历过才知道如何确定这样的关系。在 PE 热潮下，许多人做 PE 纯粹是财务投资，为了让企业上市，与企业谈价格时，别人出 12 倍，他出 13 倍、15 倍，但对企业将来发展的如何他并不在乎。但是亚商的理念是与被投资对象沟通，许多企业跟我们说：我们已经接触了一批其他机构，现在才发现亚商是我们真正想要的。企业家是脚踏实地做企业的，他也不希望别人从泡沫的角度去炒作它，他们喜欢亚商这种可以真正成为战略伙伴的机构。企业知道你所能提供的价值，那他给你的条件就会很好。因此，我们拿到的价格比一般的投资机构要好很多，但我们也会付出更多。

对于企业来说，首先是账的问题，比如要赚多少钱，收入如何分配？还有是人性的问题。现在社会很浮躁，也很虚伪，但社会一直如此。改革开放之前的社会也非常虚伪。讲空话、套话、大道理，不实在。今天的社会虽然有虚伪的一面，但做企业很实在，无法虚伪。

2009 年 PE 开始热起来了，许多资金进入，全国号称做 PE 的有一万多家，很多投资人都觉得无非是价格再出高一些。在这种情况下，PE 确有泡沫化趋势。所谓全民 PE，其中肯定有泡沫。

为什么泡沫还没有破灭？因为中国资本市场流动性过剩的泡沫更大，在这种情况下，大家意识到投资是增值非常好的有效机会。对亚商来说，与其它财务性资本在同一水平上竞争的意义已不大，由此我们想到了把投资往前移，用投资加服务的方式为企业做更多的事。

　　亚商做创业加速器的理念是扶持所谓的第三代企业，即支持第三代企业家的发展。中国整体社会环境对企业成长并不利，与市场经济发达、法制比较健全的国家相比较，中国企业的生存环境比较艰难。正因为艰难，就容易夭折，容易走弯路，容易出风险。

　　如果一个企业家有很好的产品、技术和理念，却因为环境或其他原因而夭折了是很可惜的事情。所以创业加速器就带有这样的理念：帮助第三代的企业家少走弯路、规避风险，避免不必要的损害和夭折。创业加速器不是创业园区，而是在投资的带动下，用我们的理念、价值观、服务和资源给他们加速。"一个好汉三个帮"，就像水桶的长短板理论，产品和技术好是长板，人很聪明、能干是长板，有很好的团队是长板，能够很好地营销也是长板；但他们可能在政府关系处理、财务处理、风险控制方面是短板，我们就帮他补好，这个桶就能装下更多水。这个企业就发展得更好了。

　　2010年3月份创业加速器正式成立，6月份与成都市政府合作。2011年9月份与宁波合作，今年年初是广东省，4月份杭州也做起来了，杭州市政府有一个雏鹰计划。亚商的模式、团队和经营资源是有独特竞争力的，得到了地方政府的充分认同。现在已做了6个地区，上海、宁波、成都、广州、杭州和北京。因为在整个中国经济的转型过程中，政府对此也有特别需要。我们有可能做十几个地区，主要是团队资源要跟上。把网铺出去后，只有接触到了，才会感受到这里的潜力有多大。创业加速器所做的这些事情非常有意义。

创新投资模式：用投资带动增值服务

　　我们起不到政策推动的作用。我们多交税、多干活就行了。如果政府的钱够花，那证明其中民营企业的贡献也不小。

我们用自己的创新投资模式与地方政府互动较多，对地方政府来说，我们能够做到他们没有能力去做的事情。因此，亚商创业加速器的模式有可能会成为最有中国特色、最有竞争力、最有效率，或是最有价值的风险投资模式之一。以后可能在全国布局，因为以中国的现状来说，这是外资基金不会做的事情。一般来说，我们更注重帮助政府去做许多他难以克服、难以解决的事情。地方政府在经济中的力量又很独特，不能忽略。亚商投资方式的改变有可能成为一种创新风险投资模式。如果这个模式成功了，就是非常具有中国特色的。

不要偏激和执着，因为生命很偶然

书对我产生的影响很大，在每阶段都会有不同的书对我产生影响。《万物简史》是一本畅销书，我是在 2007 年读的，对我那个阶段搞创业改革影响很大。

这本书非常有趣。到我这个年龄时，就不太喜欢被很系统的思想去影响，我以前也被这样的书影响过，但现在更喜欢科技、史实类的书。这本书对我最大的启发是，除了科普之外，令我感觉人类非常非常渺小，人类的出现非常非常偶然。

银河系中这么多星球，只有这一个星球有生命，说明是很偶然的事件。其实出现生命是不对的，因为概率太小。《万物简史》对我的触动很大，虽然有些常识我过去也知道，但看过之后还是觉得很有趣，因为太偶然了。

还有一点，地球上有植物、动物、微生物等如此多的物种，而人类现在感觉自己是万物之主，但这种狂妄是暂时的，因为在所有的物种中，人类可能是最早消亡的物种之一。地球的历史接近 40 亿年，有三大物种统治地球，一个是单细胞的藻类生物，统治了地球十几亿年，现在也有这种生物，那时地球上没有其他的生物，只有藻类。第二个物种是什么呢？恐龙。恐龙统治了地球多长时间？两亿年！人类呢？从出现到现在多长时间？至多几十万年！我们讲孔子，距今两千多年已经觉得很遥远了，但跟恐龙的两亿年相比，两千年还用自作多情吗？从古人类到现在几十万年而已，与两亿年相比，实在太渺小了，恐龙都要笑你。

人类现在到巅峰时期了，也知道自己要灭亡了，所以讨论世界末日和拍末日电影的越来越多。更重要的是人类做了许多事，不是自然在让人类灭亡，人类是唯一一个自己会灭亡自己的物种：破坏环境，自己给自己下毒，有些是故意的，比如食品添加剂等；有些不是故意的，如核辐射等。人类有时是善意的出发点，但是造出了怪物。

为什么说人类已经快灭亡了？一般人年纪大了，才会讨论死亡的问题，所以现在人类自己在讨论灭亡的事情。按照正常的逻辑判断，是不是意味人类已近晚年了？所以科幻小说从来不设想上万年以后的人类，而一般是想100年、几十年，这就是未来世界。人类不敢想得太远。

说起来很有趣，所谓被人类不断消灭的物种，比如老鼠、蟑螂、苍蝇、蚊子、细菌等，肯定活得比人类长久。因此，我们现在所做的事情不要有偏激的功利性。

偏激和过份执着都没有意义，做事情和人生一样，要懂得欣赏，懂得享受。因为人类的历史很短，生命很偶然，你更应该珍惜它，这与纯粹以功利为目的而做事情是不一样的。这可能也可以为亚商今后如何做好事情提供一个注脚吧。

（改编自《亚布力观点》2011 年 4 月刊）

云南红酒业有限公司董事长

武克钢：
呼唤工商文明

精英"移民潮"

最近有一些杂志说企业家都在外逃，所谓的富人移民和富人出境。看到这个现象，我想起1979年的时候，我们到蛇口，见到了大批的内地人偷渡去香港，那时候都是穷人往香港跑。现在变成富人往香港跑，变得非常有意思。

现在搞"国进民退"，不管是否承认，我认为总体的趋势就是再国有化的重复。这两年对改革开放旗帜的反思、国有化再现，还有社会主义只强调"平均"、不强调"公平"，在这种背景下，人们会更深层次地思索安全问题。民营企业与民营企业家自身的生存和安全已经不是个人的安全问题，已经是整个阶层和整个中国的前途问题了。

在这个背景下，有两种人沉不住气了，一种是所谓的利益集团，弄到见不得光的钱，肯定要洗出去，不洗出去就会像炸药包一样放在自己家里。这是一批见不得光的人，他的钱需要不断往外洗，或者本身通过某种关系在海外获得巨额的资产，这种人肯定要把自己的未来、后代全部弄出去。中组部也关注到一些空壳官员，叫"裸官"，一个人在中国做官，全体家族都在国外，这些人很可怕。另一种人，作为民营企业的合法收入获得者，对于国内的发展产生了一些担忧，特别是对资产保护和所有制方面，甚至对于200年前资产阶级提倡的所谓"私有财产神圣不可侵犯"也不是很有信心。

中国已经形成了一个垄断阶层

实际上，中国已经形成了一个垄断阶层。我们怎么定义呢？就是由国家机器支持的、垄断国家主要资源和几乎垄断着金融资源，并和商界沟通非常紧密的垄断阶层，这是客观存在的。所谓"一大二公"的这种企业，这些人忘记了历史的根本。他们今天能够过得非常轻松、这么好，有三个东西他不管了。

第一个，从1949年解放以后，对全体人民的承诺全部不管。那个时候承诺，国有企业的职工，国家会管一辈子，不管是生老病死，还是在低平均主义的水平下，都给养着。现在，改革开放之后，把这些人全部赶出体制之外，推到了社会上。

第二个，本来是用全民的资产创造的利润利益，应该全民共享，但现在这个也不管了。这两年中央开始注意到这个问题。这是另外一个背景，原来朱镕基没有觉得这些企业能够创造利润。但没有想到这些企业把包袱甩掉、把历史账目清掉以后，变成了有巨额利润的企业。但是在很长一段时间内，这样的企业只完成税收就不用交一分钱的利润。这几年中央国资委开始调整，但调整的幅度很小。

第三个，是资源与环境的成本，他作为最大的消耗者但不承担任何责任。好的全要，出现任何问题都不承担，这对于工商秩序的破坏是极大的。

所以今天社会的一切还是吴敬琏十年前讲的，他非常担心，但是实际上权贵资本主义还是出现了，而权贵资本主义最大特点就是垄断与腐败。撇开政治上的不谈，我们讲的只是经济领域，经济领域的任何腐败都是与垄断连在一起的，就像一个硬币的两面，腐败翻过来的那一面一定是垄断，没有垄断就不可能有腐败，而腐败恰恰是垄断那一面的印证。

权贵资本主义不能说是 1992 年以后。我认为权贵资本主义的崛起是朱镕基对经济踩刹车以后的事，1992 年分界线是指邓小平南方谈话讲话。但邓小平南方谈话讲话没有触发权贵资本主义的发展，而是促成了又一轮民营资本的崛起。从 1992 年到 1997 年，那五年是中国民营企业和外资企业迅速崛起的蓬勃阶段，权贵资本主义是到 1996 年、1997 年重新整理国营，权贵高速膨胀发展是以郎咸平抛出了"贱卖论"以后，和社会上掀起对民营企业的原罪追溯，这两个舆论出现后才是真的权贵资本主义的转型。

从农耕文明向现代文明过渡

中华民族是一个封建文明脱胎过来的民族，没有经过资本主义的训练，恰恰中间进行了一场激进的社会主义运动训练。现在出现一个很有趣的现象，为什么全世界金融出现这么大的波折，中国经济还在发展？在封建农耕文明，特别是中国这样以治水利为核心的民族背景下，没有经过资本主义的训练，而恰恰经过了一场乌托邦式的共产社会主义的训练，那么，我们的社会形态有几方面还是非常了不起的，比如社会组织动员能力，是全世界的其他大国民族没有一个能做到的。

有两种社会具有非常强的社会动员能力，其中之一是以治水利为背景的封建文化。从秦始皇开始，真正完成结构性地封建文明力量非常大，靠人扛马拖可以修那样的长城、大运河和水利工程，且不说政治上、军事上的调动能力，中国的这个能力背后形成的整个民族能力非常强，有点蚁群效应。其实人类文明往前走，比如说为了让人舒服，人心解放是整个人类文明往前走的基本要点，但是人心解放以后，人的组织动员能力会下降，这是可以看到的，这也就是为什么美国会出现华尔街的这些事情。但是中国现在的过渡期非常有意思，在目前阶段，经济高度发展，社会组织动员能力在高压下反而加强了。

一个文明社会的走向，这种能力是下降的。为什么呢？这种能力是以牺牲人的尊严、个性、生活为代价的。所以现在的问题就是两方面：一个是中国人民的承受底线到底在哪里？我认为中国人民承受能力的底线不是物质承受能力的底线，而是考验我们中华民族"人"的承受能力的底线在哪里。

我还是相信这句话，历史的潮流不可阻挡。除了极端的环保主义者或者极端的自然保护主义者，这些人认为人就应该在原始部落里活着，所有的现代化都给人类文明带来了灾难。但是从积极健康的意义上来讲，这是不可阻挡的潮流。我们一眼望去，今天的北京和30年前的北京完全不一样。主轴线应该是人类文明进步发展的标志，比如财富、对能源物资利用的效率，对于整个人的生活品质和质量的提高以及人的能动性，包括登月去火星。无论从理性判断还是其他判断标准，这种趋势都是朝着进步的文明发展。但总体来讲，无论从这种文明带来人口的生活质量、寿命质量、生存空间，包括精神文化，这肯定是进步，这是毫无疑问的。

在组织这场史无前例的变化中，包括社会组织者、文化组织者、教育组织者，但要想做所有的基础工作，最主要的是企业组织者，或直接而言就是工商组织者。从农耕文明向现代文明过渡，无论是东方还是西方，全世界都逃不过或是躲不过去一个以现代科技、现代人文、现代法制、现代民主为基本结构组建的社会过程。如果这个背景大家肯定的话，那这个背景后面，组织发展中的一个不可缺少或者是非常重要的中坚力量就是企业家集团。摆在这样的背景下看，这个集团和这批人的出现，是社会进步和社会过渡中间不可缺少的。我认为是如此。

工商文明的"商"不同于农耕文明的"商"

一般社会是经历封建文明的解体，然后资本主义崛起，受到资本主义市场经济的洗礼，形成一个资本主义的政治经济文化的规模，这是一个过程。中国非常有趣，中国是受到了几千年的超稳态的封建社会，更早一点，一般以1840年为界，更早一点受到了资本主义的冲击，基本上在与我们顽固的文化进行对抗，整个历史过程中间，没有自觉或者是被自觉地资本主义化。比如，日本就是被自觉的，有一些国家是自觉的，比如俄罗斯，自觉引进这个东西，形成一个新的工商文明。而中国既没有自觉地实行现代资本主义的过程，也没有被完整地实行现代工商文明，而是长期以民族主义、封建主义和社会主义的概念，强烈地抵抗着这种过程。它没有被资本主义化，也没有自觉地资本主义化过程，这就缺了很大的一环。

我们现在讲的"商"和我讲的一种工商文明的"商"距离还非常遥远，它没有经过这种文化的洗礼，所以此商业非彼商业、此"商文化"非彼"商文化"、此"商文化形态"也非彼"商文化形态"。

所谓现代文明的工商文明商人，遵从的是市场法则、企业精神，遵从的是一种公开、透明，而且是信誉为基础的原则，这就是现代商人。彼"商"是什么呢？是勾结官僚、弄到批文、得到保护权的保护，最好得到垄断地位，这就是封建文明的"商"。封建文明的"商"自身不能生存，完全投靠官僚，不是以自己独立契约的、公开的、新商业精神的，甚至是进取精神的。而这种传统的，包括今天中国文化出现，大家特别烦的那种商人无一不是依附官僚的。

这里有很明显的文化现象，他依附官僚，勾结官僚，寻找保护伞，寻找利益共同体，最后就形成了我们前面讲的，这不是我们宣扬的工商文明的商，这种商是一种封建文明的官僚集团内的利益占有者。这个文化界定很清楚。

改革开放30年了，我们的商业已经走到这样的高度了，但是我们的电视、学校、文化引导和教育完全没有对中国人民，特别是下一代进行一次完整的现代文明的教育。我们的电视文化里，封建的、帝王将相的、妖魔鬼怪的、谈情说爱的很多。一切都可以放，唯有现代文明的东西，第一，很少有作者愿意去碰它，第二，碰了它以后也基本也播不了。

在这样的背景下，中国现在到了商人集团没有独立人格的地步，一方面出现了黄光裕这样的问题，大家只注意这个现象的一方面，另一方面也有一些非常优秀的，有独立人格，不愿意与官府勾结，愿意以一种比较有人格的方式经商。这种人基本是要么失败了，要么被投进监狱了，或是流亡了。

　　企业家里面如果出现了不与官僚集团合作，愿意独立地做，甚至在抗争中间要活下来，就会像拍苍蝇一样被拍死，而且拍完之后，不泛涟漪，整个社会的老百姓都会说好，说他们肯定是坏人。工商阶层本身有一部分人觉得他们冤，还有一种是事不关己高高挂起的态度，还有一拨人觉得把他拍死了，他的市场让出来了，对自己有好处。

工商文明呼唤公平

　　我刚刚说了，此"商"非彼"商"，现代文明的工商文明的"商"，和痛恨社会者或者是社会迷茫者看的"商"完全是两个概念。加上封建社会上有许多很有趣的基本法则，比如我们现在重新宣传的所谓让少数人富起来，然后共同富裕，而工商文明也有一个"平"字，工商文明呼唤的是公平，"公平"和"平均"完全是两回事。现代文明主张的是公平，什么叫公平？社会创造机会的公平、过程的公平、程序的公平，这种公平是最重要的。但是我们封建文化传到现在的商文化，讲究的是平均。

　　中国人民或者是中国文化中根深蒂固的是平均主义——凭什么你有，而我没有。我非常同意任志强的讲法——中国现在是买不起房还是炒不起房？问一个很简单的问题，中国现在是没房住还是没房赚钱？现在人民心理不平衡，社科院报道说中国现在80％的人买不起房子。但马上有人反驳说，如果中国有80％的人买不起房子而住在露天的话，长安街已经全部是难民营了，对吧？我最近看一个地方的报告，说中国现在的城市人均面积已在中等发达国家以上，如果把农村宅基地全部加进来，已经接近发达国家了。

　　这两年所有压不住的舆论导向和文化导向，就是在呼唤着平均主义。这就回到根子上，为什么企业家集团心底恐慌？就是中国农耕文明的平均主义又在泛起，平均主义和现在工商文明的抵触在于其不尊重契约、不尊重私人财产、不尊重劳动的付出，只注重结果，就是大家都得一样。这是从根子里破坏了整个国家民族复兴和民族进步中的最可怕的因素。因为我们没有经过资本主义的洗礼，我们仅仅从封建文明一步跳到社会主义。在这个过程中，我们全民族没有达成一种基本的共和的底线。

我们国家现在没有真正地契约观。契约精神应该在完全的市场经济中。

争论 30 年发展的解读权涉及对未来的指导权

现在很清楚，现在通过 30 年的改革开放，物质上、经济上的进步，除了个别的环保主义者和极端反全球化的个别人，对于 30 年国家走过的路带来的经济繁荣发展，带来的国家综合地位和国力的加强，恐怕已经没有很强烈的反对意见。现在单从物质层面角度讲，没有人睁眼说我们比 30 年前还穷。

现在到了什么时候？现在开始对 30 年发展的解读权进行争论了，就是这 30 年为什么能发展起来。包括在整个 30 年发展中，那批长期以来从理论上、实践上、做法上，每一步都反对、阻挠中国改革开放的人。包括把我们的经济特区，说成是租界，把我们的国企改革说成是卖掉国有资产。这一路走来的 30 年，任何一次带来今天经济繁荣的基本制度改革的做法，都被这批人狠骂。而现在，这批人突然反过脸了，这批不要脸的人突然开始对这 30 年的发展进行解读了，他们说因为发展的高楼不是 30 层，而是 60 层，今天 30 年的发展成果是基于毛泽东时代 30 年基本工业化的基础再加上现在的 30 年，才奠定了今天的发展。他们非常认真地而且是脸不红心不跳地讲这些话。

30 年改革开放后，他们为什么要解读权呢？实际上要的是对未来的指导权，如果按他们的说法，我们要继续保持发展，就得把集权社会主义的这套东西用起来，因为现在的发展就是那时的成果。我觉得这是当前非常奇怪的现象。

当然还有一批人，是对前30年有深刻反思的，对这30年发展有切身体会的，是走上与世界文明一体化、世界发展一体化的人。但是反而倒在平均、公平的面前，这批人好像说不出话来，好像觉得自己理亏了，好像在平均主义、伪社会主义面前迷茫了。其实，现在无非是几个问题：贫富差距拉大、社会道德堕落、公平正义缺乏了。导致这三个东西出现的是不是改革开放整体发展的必然结果？本来改革开放这批实践的人，突然也迷茫了。

回过头来就形成了一个很有趣的分水岭，左派朋友认为我们要继续发展，就必须拿出中国的封建文化孔老孟道，必须拿出毛泽东思想的社会主义平均观。另外一批人，就是这30年以自己的投身、经历继续走的人，认为要发展就得跟上世界，还是我说的科学、人文、宪政、民主，还是要跟得上世界上已经被历史证明能够引导人类走向更高层次的普世价值。

现在的情况是，我们对于过去30年的解释出现了重大问题。好在有个朝鲜在，如果没有它，我们还真的有理说不清了，在这个问题上我感谢朝鲜还留在那里。这30年是不是在过去的30年基础上建起来？是60层还是30层？实际上朝鲜已经过了60年了，那一层楼还没起来，就证明最初的30年不一定是在打基础，还可能是在挖坑，导致了我们后30层楼的基础损坏了，还得重新打基础，这是我个人的看法。

那么继续往前走，如果又用那套所谓"中学为本、西学为用"的洋务运动中落后的思想，用孔孟之道等等那些理念，这样的话，不把这30年摧毁就算不错了。我还是相信，如果人类社会往前走，这跟中央也保持一致，温家宝同志也讲到了价值的问题，讲到了社会文明。我认为还是要把这套价值观建立起来，中国才能够发展。现在我们已经到了一个路口，一切都围绕是否建立新的工商文明观、是否建立迎合世界潮流的发展观。

（改编自《亚布力观点》2010年7月刊）

他们的眼界

王　巍：人人需要Fun

张醒生：面对气候变化，我们无法独善其身

万盟投资管理有限公司董事长

王巍：

人人需要 Fun

爬山于我就是一种休息

　　我每年都会去登山，其实我去登山也是出于一种偶然。当时王石经常去登山，早期在亚布力开会的时候我就常拿他开涮，说他去爬山是为了虚荣。可没有想到，2003 年的时候他居然将珠穆朗玛峰拿了下来。其实，当时他并没有准备好登顶珠峰，而是想着非典期间也没事可干，还不如就在那登山。他下来后给我打电话，说没事做登着玩，结果却登顶了，忽然成为了全国英雄。听到这句话，我立即有一种很内疚的感觉。那么这种内疼该怎么表达呢？王石说，那你下次跟我一起爬山吧。我说好，于是也就开始为登山做准备。可我什么都不懂，登山服之类的也不知道在哪买，于是冯仑推荐我去燕莎，花几万块钱买了一大堆的东西，全是名牌。

我第一次登的山是哈巴，这座山海拔5300米，我爬到5000米左右就上不去了。为什么呢？因为不会换冰爪。登山的冰爪有两类，一类是系带式，一类是全卡式。我带的是系带的冰爪，鞋子则是带卡的。登山之前我也没检查，一股脑的就上去了。于是爬到5000米左右的时候动不了了，而只能眼看着别人一个个地爬上去，心里很是郁闷。但经过这一次，我发现自己还挺有登山的潜力，这次未能登顶只是由于技术上的低级错误。于是第二次登山之前，我就开始认真准备，重新买装备，以极便宜的价格买到了很实用的东西。结果这次登顶了，人一下子也兴奋了，也就这样一年一年地坚持了下来。

对我来说，爬山变成了一种休息，是让自己从日常的烦恼中解脱出来。在爬山的10天，8天之中，山上看不到人烟，也没有电脑，有种与世隔绝的味道，但此时的人相对来说比较纯净。每天踩着天地线，看拱形的天，感受一种进入一块几千年来未曾有人踏足，几千年之后也不会有人问津的地区时的挑战与兴奋。这特别适合喜欢创新的人，走别人没有走过的路，尝试别人没有尝试过的东西。有人说这是一种精神的修行，但我觉得这更是一种释放。对此，人们可以总结，上升为佛学或禅学，但对我而言，更珍贵的是，在这人迹罕至的地方享受诸如脚踏积雪时的愉快，感受人在危难时刻所表现出的互相挟持与互相理解。在那样的环境下，许多东西会被覆盖，我们无法全面感受到作为一个人应该感受到的东西。在那里，你不再是老板，也不再是学者，你只是一个普通的男人，如果还有女人在，你还得承担应尽的背夫义务。这些都吸引着我，每次听说要爬山，提前两周我就开始兴奋，会将所有的应酬推掉。下山之后这种兴奋还会持续两周，脑子中总想着爬山的事情。这样，我一年有一个月的时间沉浸在这里面，自己感觉非常好。

为什么我不怎么去登名山，而像北京的海坨山登了十次都不厌烦呢？这是因为确实喜欢山，每次走的路线、环境，以及人的心境不一样，每次登山就会是一个全新的过程，也都是学习的过程。当然，登山只登名山也有成就感，我也很满足。

完整的人生有两部分：一是挣钱，一是花钱

筹建中国金融博物馆与登山并没有直接的联系。到美国读书后，我最喜欢的一个词是"fun"，但最初对其并不了解。在传统的教育下，我们觉得奋斗是快乐的，工作是快乐的，劳动是光荣的，但为什么劳动是光荣的呢？不知道，说是为了共产主义，可这个共产主义是建立在牺牲自己，像雷锋一样，建立在让别人愉快的基础之上。少年时期，这种观念还起到了一定的作用，激励我们做了许多的事情。但到国外以后，我突然发现，原来人的生活可以如此丰富多彩。而我们在一定的制度之下，变成了纤维，没有养分，仅仅为支撑一种力量而活着，这是很危险的。

而我理解并接受"fun"这一词语出于一个偶然。当年有一天，去参观一个美国人家的花园。这人是哈佛教授，危地马拉总统的朋友，当时就很有成就。但每个礼拜，他都会花两个半天在花园里伺候那几十盆花。当时，我觉得这完全是浪费。他说，这是 fun，生活中人人需要 fun，要快乐，要欢愉。我突然意识到，我们的生活太缺乏欢愉，而这也是过去30年来穷凶极恶赚钱的结果。这里，我用"穷凶极恶"一词，是因为当时的我们确实太穷了，而这种极穷的环境必然造成人们安全感的丧失。在这种情况下，很早人们的心灵就受到了损伤，只是大家没有意识，这种损伤被理想掩盖着，而一旦撕开理想，我们发现下面全都是伤疤。理解了这一点，也就可以理解为什么这么多富豪在赚取 100 亿后，仍然会追求 500

亿，而赚取 500 亿后，还会继续追求 1000 亿，因为很多富豪小时候都经历过贫困，受过创伤。他们需要依靠更多的财富来证明自己。相比之下，知识分子也穷，但他们没有这种强烈的不安全感。或许，也正因为此，富豪榜中很少有他们。

但现在，我们中的许多人早已超越了证明自己成功的阶段。那么我们拼死拼活挣钱为了证明什么？不知道。就我来看，人生价值应该有两个因素：一是挣钱，一是如何最好地花钱。如果只有前者没有后者，我想，人生就是不完全的。我没有挣多少钱，但我觉得我的人生够了，这里我会利用剩下的精力为社会做点事，但我也很自私，我更多的是在给自己做事，比如我主导与推进了很多并购交易，并将自己定位为中国并购的吹鼓手。在这个过程中，我自己不一定赚了多少，但我会给更多的人送去财富。这就好比大家一起进山洞寻宝，我是点火把的人，最后许多人拿到了财宝，而我可能什么也没得到，甚至死在里面。但我让自己获得了欢愉，有 fun，这就是我所获得的成果和成就。这一心态下，多年来，我得以平和地观察自己，也平和地观察周围的朋友，并做了许多公益性质的事情。

比如这次建立的中国金融博物馆。一年半以前，在美国闲着没事就跑去参观博物馆，突然发现那个博物馆很好，那种模式是中国所没有的。对于没有的东西，我总是跃跃欲试。因此，在没有建立或者管理博物馆的经验与知识，也没有资金收集丰富的展品，甚至博物馆最终建在什么地方都没想的情况下，我就决定要做这样一件事，我想或许能够成功。于是回来后，我开始寻找博物馆的落脚点，最后选择了天津，然后通过自己过去一系列的业绩让政府相信这件事可以做成，进而得到政府的大力支持，比如提供场所。但这还不够，还必须收集展品，于是我又联系全国的收藏家们，或者说服他们捐献收藏，或者购买，或者自己设计，这才形成了现在的收藏规模。

但博物馆毕竟是意识形态，事情要怎么表达都有严格的规定。该怎么解决这一问题？如果我要坚持自己的话语权，那我就必须自己筹资，不让政府介入，而且要符合政策。所以，我为博物馆内的所有展品写解说词，而这就要求我做功课，于是我开始读大批关于中国金融史、世界金融史的书，将自己变成了一名金融史专家。现在即使要我到大学讲中国金融史，都没有问题。在博物馆内部的设计上，不仅仅是展出货币，还要表达金融机构、工具和人物，以及整个金融与政治、金融与军事、金融与科学、金融与艺术之间的种种关联，都是过去我们所没有尝试过的，所以我们要在筹建博物馆过程中学习。在这个过程中，我接触了大量有意思的人，比如一百多位志愿者，他们中的人从市长到行长，到普通艺术家，到大学三年级的学生。

博物馆开业典礼上，我们首先请这些志愿者代表上台，向他们表达我们的谢意。大家都很感动，也很感叹，没想到这件事能如此迅速完成。建立博物馆是一件很复杂的事，从施工设计到文辞定夺，到展品的筛选、征集，防火防盗设备的安装，各个方面的审批都比较麻烦。在整个过程中，我一直很低调。很多事情也没经反复推敲就开始执行了，因为我虽然内心追求完美，但在行动上从不追求完美。如果在行动上也追求完美的话，一百年也做不成一件事。你看，即使在美国、大英博物馆，我照样可以挑出它们的一百处错来。如果总想着不出错，那就别干了，我不是一个完美主义者。所以，有一个 idea 之后，先做，不要怕别人说你的 idea 土，说你的 idea 烂。如果大家都来说，那表明他们喜欢这个，爱这个，否则他们会不屑一顾。所以，现在听到批评，我就很高兴，人家批评得越厉害越好。而且许多批评我、骂我的人，现在都变成了我的志愿者。他们特别兴奋，这样他们不就可以亲自修改他们认为不好的地方了吗？多好。

我不需要施舍

关于金融博物馆志愿者，我的对待方式很简单。首先就是在思维方式上，我不能让他们认为来当志愿者是帮我王巍的忙。之前有志愿者说，王巍我一定帮你。我立即给他回信，语气很严厉，我说，第一，感谢你们花时间为我出力、献策；第二，谁如果再说当志愿者是帮我王巍，那我立刻取消你资格。要知道让你来当志愿者是我在帮你，而不是你在帮我，是我们博物馆给了你社会地位。你可以用标有"中国金融博物馆＊＊经理"头衔的名片来增加你的社会品牌，帮助你找到更好的工作平台，如果你成功了，我们博物馆也会感到光荣。如果单方面的是你支持我，做慈善，那博物馆不需要这个，我也不需要施舍。这就是我的观点，与许多人不一样的。谁要说帮我忙，对不起，我不需要你帮忙，多的是想帮我忙的人。

并购要有所创新

关于并购，对我来讲，并购更多的是创新，是推动新平台，而不仅仅是创造财富。我不知道如果整天关注财富，我会变成什么样的人。过去，在国有企业当老总的时候，我的很多下属都成了亿万富翁，我知道自己并不比别人差，只要稍微灵活一点，我也可以成为这样的人。要知道，90 年代初期，只要在底下稍微买一点股票，我就赚大钱了，这个时候就显示出了一个人的职业伦理约束力，我不喜欢用"道德"这个词。它会改变你，稍微偏一点就成了富豪。但既然可以选择，我更希望选择充满理想和浪漫情结的人生，希望自己能够推动整个中国证券市场的发展。当时我还写过这方面的许多超越时代的浪漫建议，其中包括有些名气的白皮书，但由于当时的证券公司都在炒房产、炒股票，丝毫没有做投资银行的可能性，再加上其他的种种原因，我选择了离开。

之后有许多好的 offer，如果当时选择了这些 offer，或许我所取得的成就比现在大很多，但是当年在美国读书时我就了解到，即使什么资源也没有，一个人都可以创造资本市场，而我也相信中国时代会到来。因此，下海初始我就进入了并购行业。当时，我对"并购"一词有所创新，那时候叫兼并，不叫并购。对此，所有人都说我食洋不化，但我仍然坚持写并购报告，到现在已有 10 年，而"并购"一词现也已经成为主流词语。我还提出了"中国并购元年"一词，现在"元年"一词也变得很流行，什么都是"元年"。其实，这些词都不是你个人的，也不是生硬捏造，而是因为你把握了时代的脉搏。另外，第一本关于创业板、MBO（管理层收购）和垃圾债券杠杆收购等的书籍也是由我编写的。我所做的事情，很多都是第一，但这并不是因为我有意要成为第一。当走上这条道路后，会有人跟着走，如果跟着走的人不赚钱，我可能会觉得遗憾，但这并不是我设计的；如果他们赚钱了，这也不是我设计的。

两人的改革使命

人的能量有限，精力也有限，但如果你能将实现自己的欢愉放在首位，那你会真正调动生命的激情和潜能。在约束、高压、枪杆子的逼迫下，跑一百米你也可能只需要12秒，少于你平时的15秒，完全有这种可能性，但那不是生命的真实，是一种特殊的变态方式。我们可以在变态中生活三年、五年，但却不应该在变态中生活30年。正如在穷困、改革的时候我们可以在变态中生存，但是不能继续生存下去。前段时间，我参加了一个会议，谈论中国经济改革30年。一路听下来，大家都在谈论改革动力不足，希望加速改革、继续改革、深入改革，认为改革不能被瓦解。针对这个情况，我的发言包括了两点：首先，表达了我对这些经济学家的敬佩，也承认自己的庸俗。这么多年来，我看到了他们的激情，老骥伏枥，志在千里。对此，我很惭愧，因为从商以后，我特别现实，也比较庸俗，不习惯于宏大叙事，而比较关注于微观操作。其次，坦陈了我对他们这种遗老遗少心理以及看待现实和下一代的担心。

在我看来，改革这一代人的使命已经基本完成，我们不要为改革而制造改革动力，现在中国的主旋律应该由改革转为发展。我们这一代所受的体制压力太大，经受了太多的体制创伤，所以总是琢磨体制。其实，体制既重要也不重要，但至少我们这一代改革的任务完成了，现在最重要的是下一代的发展，发展自然能够解决体制问题。我们要将问题推到长远来看，不能着急，也急不得。我当时说的话比较伤人，我说不能因为我们失去话语权，就制造改革动力来继续引起社会的关注。有人说，大家现在的思想不往一处使，因此无法统一认识，集中力量。我觉得，这就对了。因为只有计划经济、军事行动才需要步调一致得胜利，市场步调一致就不对了，思想不一致才是对的。我们需要的不是达成一致，而是自由表达。

我的意思是，改革主旋律是这些精英制造出来的。在中国经济改革过程中，他们也发挥了很重要的作用，但觉得到这里就可以了，不需要再走了，主旋律不是你说的，也不是我说的，市场会定，下一代会定。咱们不认同的东西，不代表下一代也看不上，咱们别替人家想象。我在国外呆了那么多年，很多亲戚朋友就跑过来问，我儿子应该上哪儿读书，去哪儿工作，我对他们说，我从 16 岁扛锄下乡，什么都自己决定，这才有了今天，你怎么能替他决定呢？我现在就听我女儿说话，而不是教育她，我从来不教育她。她说话，我听；我一说话，她就烦。于是，我躲在旁边看，看下一代人怎么做。

在教育儿女上，我与传统上的中国父母一样，不太直接与女儿交流，因为直接交流不太容易，而我一般会将教育女儿的任务委托给别人。我会与朋友的儿女交流，在交流中达到教育的目的，而他们也就自然承担起教育我女儿的任务，这是交叉。大家都是这样，别人说的话，你可能会很认真听，也很容易接受，但自己亲人说的话，效果可能就不这样明显了。

我女儿很阳光，比我们这一代阳光多了，看待事情也很单纯。我们这一代人经历了很多，因此很多人认为应该让我们的下一代学会吃苦，以期将来不吃亏，这不是扯淡吗？我们所受的苦是不正常的，凭什么要将这种不正常的苦以教育的方式传给下一代？人生少一点挫折，多一点幸福不是更好吗？没事制造挫折干什么呀？经历这么多挫折，我们终于媳妇熬成了婆，于是也开始琢磨怎么整媳妇了。这种心态是最差的。那应该怎样做呢？我觉得王石做得很好，他走了，郁亮起来。我走了，也自有人起来，就应该这样，要给下一代留机会。所以，有些事情我们就不用管。在我个人，好在大家觉得我是无足轻重的专家，需要我们影响社会的时候，我就出来说话，平时没事就被搁在一边。这个位置与状态对我来说，非常舒服，也不会太受关注，高兴的时候我就去，不高兴的时候就可以不去，有大把的自由时间。

将博物馆带进寻常百姓家

博物馆在中国的定位是什么呢？收藏，供皇帝观赏，然后就被藏之名山，传之后世，与百姓没有任何关系。到现代，这些宝物进入博物馆，但当咱们下班的时候，它也下班了，咱们还是看不到这些宝物。与咱老百姓也没有关系。我们这个金融博物馆就不一样，它下午 2 点开馆，晚上 10 点闭馆，一年 365 天一天都不休息，我相信这在全中国是第一个。从开馆到现在，每天有 300 多人来参观博物馆，如此一年的参观人数就高达十多万。这样，我就将博物馆从少数人把玩的东西变成了一个大众的产品。

博物馆重要的不是藏品，而是它的教育功能。事物本身并重要，重要的是它能够在社会上发挥的作用。故宫中 90% 的展品与我们一点关系也没有，我们永远都看不到，因为按照现在的周转率来周转展品，300 年才可能轮完一遍。这样的话，这些物品藏了给谁看？我们没有几万枚古币，我觉得也没有这个必要。上海博物馆共有 7000 多古币，看着这些古币超过三分钟，脑袋就会疼，只有极个别人会拿着放大镜看这些古币，所以这没有什么意义。我们只有几十枚古币，但它们讲尽了中国 2000 年的历史。而且这些古币背后总有一个大家都熟悉的故事，比如明代的古币就与"唐伯虎点秋香"的故事相连；"杜十娘怒沉百宝箱"则告诉我们，当时百宝箱中的财产不是信用卡，不是存折，而是元宝。

这些与中国现有的博物馆完全不一样，而且在这里，我们还会发现金融与战争、金融与科技、金融与艺术的关系。谁都知道牛顿是伟大的科学家，可谁知道他曾经当过三年的英国造币局局长，而且测算出了最早的货币流通率？伽利略、袁隆平等科学家的研究发明，没有资本行吗？大家只看到了最终的科技与产品，但背后支撑它们的是什么呢？这样看来，到底是科技影响了金融，还是金融影响了科技？这才是金融博物馆。

所以，我将博物馆带进了寻常百姓家，将博物馆的教育功能发挥了出来，而中国金融博物馆的功能就是扫除金融文盲。别以为我们都懂金融，我们不是文盲，但我们是金融文盲，不然《货币战争》这种幻想小说怎么能够全国风行，甚至被当成学术的东西？所以我们要寻找一些手段，来提升全民的金融文化水准。

博物馆里的很多展品都是由别人捐赠的，比如高西庆、唐双宁等等。他们捐赠这些展品，这中间的故事可大了。我到高西庆的中投总经理办公室谈工作，他听说我在办博物馆，就给我看他收藏多年的好东西，是德国 29 年通货膨胀时的六张纸币。我说这么好的东西放在你这儿不是暴殄天物吗？没有金融博物馆的时候，放你这儿勉强还可以，但现在有了中国金融博物馆，你不捐出来对得起大家么？他马上痛快地说，那就捐了！这样，他的这一收藏就变成了博物馆中的一件展品。光大集团董事长唐双宁所捐赠的展品，是一张亚当·斯密炒股票时的收据，这是200多年前的东西。另外，还有亚当·斯密《国富论》原著第一版的一页，是英格兰银行行长送给他的一个纪念品。这两者合在一起，简直太珍贵了。我看了之后，就对他说，你这个必须捐了。他说，你这博物馆到底在哪里呢？我实话实说，我正在筹备呢。他了解我的脾气，说到做到，便说，东西我晚点给你送过去，这我得留一套复制的。我等了一个月，他的秘书送来一个复制品，他还没舍得给我真的。其实，复制品也没有关系，都是很有价值的，他只要捐了那就是对博物馆做贡献了。还有一套津巴布韦的货币，最高的面值是一的后面有十几个零。这套货币我最初是在人民银行办公厅主任金琦那里听到的，我说咱们能不能弄到，于是人民银行正式发文给津巴布韦中央银行，后者送了一套给我们。这都是别人没有的。我说这三个故事想要表达什么意思呢？就是有一大批人愿意将自己最喜爱的东西捐出来，我们的金融博物馆才得以建成。如果按照过去"购买"的路径来收集展品，第一，我们没有这么多资金；第二，也不能这么做，因为我希望将它做成一个大众博物馆，互动性的博物馆。现在，有越来越多的人给博物馆捐自己的收藏了。

不要给自己太大的压力

在我看来，金融博物馆仅仅是一个平台，它最终要变成文化中心，汇聚各类高雅的，能够引起大家关注的东西，包括话剧、音乐和读者见面会等，不要将"金融"抬得太高。而且，对博物馆来说，这也是充分的市场化利用。一天24小时，但真正开馆的时间只有8小时，这样在非开馆时间，我们就可以做其他的事情。比如除了画展外，我们还可以开设训练班、各种会议和签约仪式等，只要它们有文化气氛。人生什么时候离开过金融？只要有市场的需求我就使用，如果你想在金融博物馆内举行婚礼，我觉得这也是可以的。明年三八节的时候，我们计划做一个有关女性的活动，就是将所有在金融行业有一定影响的女性召集在一起，无论是现任女性银行行长，还是已经入狱的人。我们什么都可以做，我一定要改变人们对博物馆的那种殿堂般崇拜之情，让它成为一个再普通不过的开放场所。这种情况下，你会发现博物馆的市场化运作并不庸俗。而且，人们来参观博物馆也是各取所需，并不是所有人到博物馆都看懂了，不一定的。参观一个博物馆最好的时间是 45 分钟，其中花 10 分钟买书、喝咖啡、买纪念品，这是最好的。这样的博物馆，人们应该一年内去一到两次。

我喜欢逛博物馆，但从来没有抱学习的目的，不过就是为了玩。对于玩，有人喜欢唱卡拉 OK，但我就喜欢上博物馆，只是玩的兴趣点不一样而已。如果抱着学习的心态去参观博物馆，我会很累。但玩博物馆，我从来没觉得累。对自己，我不想有太多要求，在学校的时候我就不是好学生，每次考试虽在 60 分以上，但最高不超过 80 分，能糊弄就行，所以什么也做不大。反正是别给自己太大的压力。

中国金融博物馆也是说教性质不强。我从来不是说教的人，也极讨厌别人对我说教。所以，当有人指出博物馆的毛病时，我就特高兴，这就激发这我去做改变，让我做得更好，否则就没人去了。

在并购方面，我们每年的业务都在增长，另外我们每年都做出了有影响的项目。每年我们公司做的单很少，只有六七个，但都比较成功，而且每年的业务也很好，否则我不会往山里跑。我们不是并购顾问，是实际帮客户操作并购交易，因此，必须保密。而且，我们在这个圈里有稳定的客户和口碑，不需要推销自己。在智力密集型行业，你不可能同时开发十几个客户，那就办成大型投资银行了，这与我个人的选择不符合，我是喜欢专卖店。

（改编自《亚布力观点》2010 年 9 月刊）

大自然保护协会北亚区总干事长

张醒生：

面对气候变化，我们无法独善其身

NGO 将作为世界新力量而崛起

回顾过去的数十年，我现在的人生已经走了四步，第一步是 1990 年前，那是在体制内，在部委机关和国营企业，那个时代大家都一样。从 1990 年到 2003 年，我走了一段跨国公司职业经理人之路，参与了跨国公司在中国高速发展的过程。

中国加入 WTO（世界贸易组织）以后，中国民营企业开始崛起。2003 年我离开了爱立信，来到亚信，执掌了一段时间民营的美国上市公司。一直到 2005 年下半年，这个工作历程结束了。无论是在跨国公司，还是上市公司，这个职业经理人的时代就过去了。

那时候我刚好 50 岁，我当年曾给自己立下的人生目标是 50 岁退休。所以，我希望达到的人生阶段，50 岁的时候该走过的就走过了，之后又做了天使投资，相对就比较轻松一点。那期间也参与了一些 NGO 社会组织的创建工作和社会慈善公益事业，其中包括了亚布力论坛，还是阿拉善生态协会发起人之一，包括成立中国企业家俱乐部，我也是共同发起人、主要策划人之一。

这些年，我做了许多、也参与许多社会公益事业。我觉得人的一生最好不要总是一个方式生活到底，要活得更精彩一点。2006 年，SEE（阿拉善生态协会）与当时的 TNC（大自然保护协会）签署了战略合作协议。TNC 是世界上最大的生态环保组织，有 60 年的历史，而 SEE 还在刚刚起步阶段，需要许多专业素质的培训、交流。后来双方共同决定对中国 NGO 组织进行激励，对那些生态环保组织进行奖励。所以 SEE 与 TNC 签署了合作协议，并举办了两年一届的 SEE－TNC 生态奖，奖励中国的 NGO 组织，2009 年又增加了对新闻媒体的奖项，通过这些合作，我与 TNC 的相关人士有很多接触。

到 2008 年下半年，奥运会之后，TNC 做了战略决定，就是要以中国为中心建立新的区域。过去他们只是在美国、南美、亚太和非洲运作，现在他们要增加一个新的区域，叫北亚区，以中国为中心，进行亚洲陆地区域所有的生态保护。当时他们邀请我来组建这个新的区域机构，原因有三。一，是由于我与他们彼此比较熟悉；二，是根据当时 TNC 成立新区域组织建设的要求，需要一个热爱生态环境、有一定熟练英语程度的组织建设者，因为这是一个跨国的 NGO 组织；三，是要求最好有一定的企业管理经验。而以上三点我都具备，再加上又闲和不再以追求物质财富为生活目标，TNC 所做的一切我又熟悉和赞同，所以我就接受了 TNC 的邀请。

对比中国的 NGO 组织，像 TNC 这样有悠久历史的国际 NGO 组织更加成熟和具有国际视野。实际上，所有的 NGO 组织都会逐渐走向类似企业化经营管理模式的转变。我认为在未来的社会中，跨国公司仍然是全球经济和政治力量中一个很重要的环节，当然，政府的作用仍然是不可替代的。过去中国 NGO 组织都比较弱小，但是现在全球的 NGO 组织将成为一个世界新的力量崛起。从哥本哈根峰会开始，全球气候变化而引发所有国际非政府间的谈判中，都可以看得出来，NGO 组织在国内外发展得都很快。2008 年四川大地震，是中国 NGO 组织和志愿者组织觉醒的元年。我们也可以看到我们周围许多朋友事业有成以后，都开始介入公益慈善机构的创建，加入 NGO 组织的行列。最有代表性的是王石和牛根生，牛总已经成立了自己的"老牛基金会"，全身心地投入到生态环境的保护工作中去，并获得中国慈善家"终身成就奖"。我们也看到越来越多的企业家在走进这个领域。

当年我在爱立信的时候，走过了跨国公司在中国复制、发展、本土化的过程。TNC 是一家跨国 NGO，它在中国也会如此发展，我完全可以与许多企业界朋友一起，把跨国 NGO 和本土 NGO 融合的成功故事再演绎一遍。因为 TNC 上一届的董事长是美国刚退休的财长保尔森，保尔森过去是高盛的董事长，保尔森在中国有许多的朋友，他的许多朋友也是我的朋友，所以大家都非常了解。过去 TNC 在中国的朋友们一直没有发力点，现在听说要我组建 TNC 新组织的消息后都表示支持并愿意参与，所以 2008 年 10 月底，我说好，让我们一起做一件新的事，一起做一桩我们共同的事业——生态环境保护。

虽然我现在担当北亚区的总干事长，但更多的工作是发动社会资源。最近我们成立了 TNC 中国理事会，才几个月的时间，中国理事会基本囊括了中国现在对环境保护最有热情和名望的一批企业家，包括田溯宁、胡祖六、牛根生、马云、郭广昌、黄怒波等 20 余位，这其中还包括中国最有名的艺术家曾梵志先生和吴建民大使。如果追踪这群企业家他们这两年的足迹，我们会发现他们这群人在公共场合的讲话越来越绿色，越来越与外部环境相关。谈自己的企业少了，谈社会大众关心的共同利益多了。所以这就是一个趋势，当企业做到一定的程度以后，他们的视线会从本企业内转移到社会上，无论是在国际还是国内，这都是一个趋势。

慈善公益应走专业化路径

当然，国内目前要发展 NGO 组织可能还会存在一些困难。

第一个是政策方面的滞后问题，比如曹德旺要捐股份，在国外这是非常容易做的方法，股份是可以捐出来成立基金会的。国外基金会的管理，是每年至少拿出基金会中规定的比例来做捐献，然后政府再进行免税资格考核。但是在中国，由于政策上的限制，证监会、财政部以及税务局等部门的管理，再加上中国关于慈善和 NGO 的法律还不完善。如果捐赠股份做基金会，还需要证监会批准，这一系列的政策滞后使得现在许多想做慈善事业的企业家有一定的困惑，尤其在国内 A 股上市的企业家，在其他地方上市的企业还好办一点。

其实，不用担心这个问题。因为我们过去没有这个需求，所以政策上自然没有人考虑。现在社会对公益慈善等 NGO 事业的需求越来越大，我相信除了曹德旺，还包括"新华都"的陈发树，下一步中国许多企业家都会走这条路。比尔·盖茨、巴菲特已经给大家做了榜样，大家都会做，因此在人大会、政协会上，这类的提案会越来越多。当提案形成一定的需求之后，政府必然会考虑，所以需要有一个过程。我一点不担心这种趋势。

第二个问题，许多企业家自己做基金会，原始的想法是自己直接做项目。李连杰一腔热情地成立了"壹基金"之后，经过 3 年的运作，他最后明白自己不可能包打天下，那怎么办呢？李连杰的壹基金现在做成平台，它是一个资金募集的平台，是一个 NGO 的 NGO，像投资中的 fund′s fund，基金的基金。它用收集来的钱去支持本地的 NGO 执行机构，让本土的 NGO 持续工作。这样，"平台——NGO——本地 NGO"形成了产业价值链的模式。这种模式在美国是非常普遍的，一个家族成立一个基金，但是家族自己不会去做所有的项目。包括比尔·盖茨用几百亿美金的价值，成立了比尔与梅林达·盖茨基金会之后，总共就四五十人管理基金。每年他们把用于防治艾滋病的全球需求都交给本土的 NGO 做，之后他们会直接对项目进行评估追踪。所以我认为中国下一步也会这样，虽然现在没有法律，暂时落后一步，大家没有办法尽快付诸行动，但是将来很可能有许多企业、家族会成立基金会，把自己的财富放在里面，每年由基金会拿出相当比例的资金，或者是用股份转化成的基金支持公益项目。可以预期，将来中国会有很大一批这种模式的 NGO 平台。届时，中国慈善公益事业和 NGO 事业的春天就到了。

我们可以做一个对比，美国是全球慈善事业最发达的国家，美国大约每年募集的慈善资金是 1600 亿美金左右。出钱的主要是公司、家族和个人，这些资金在美国扶持了一个个全球最强盛的 NGO 组织和 NGO 组织网络。NGO 组织中不同的社会需求都得到了反映，包括生态环保、医疗、教育、宗教、救济等等，再细分还包括人类所看到的所有困境、野生动物保护、水源保护等。我认为中国未来也是这样的，我们现在的慈善事业还在起步阶段。改革开放的路径发展也是如此。如果到改革开放 40 年的时候，我们再回头看，今天中国 NGO 事业就相当于 1990 年中国的经济发展状态。2020 年我们再回头看中国的社会慈善事业和 NGO 事业，就像 2008 年的中国企业回望 1990 年或者 1992 年邓小平南方谈话时期的发展一样。时间不长，但是会有一个长足的发展。

四川地震之后，给社会和人民留下了许多的思考，大家都非常积极地捐钱了，有的人也自己带队伍到现场去做了。但是，是不是每一次自然灾害发生后都可以这么做？我认为恐怕不大可能了。不同的自然灾害需要不同专业素质的人。一个企业中不可能养这么一批又能够地震救援，还能够抗旱救灾，还能够防御洪水，还能够应付艾滋病等社会灾难的队伍。因此我们一定要倚赖社会的专业机构。比如矿难救援，普通人下去就只是死路一条，比如有人掉到污水井里面，有些参与救援的人不具备专业素养，下去救别人，结果把自己也扯进去。这就像社会分工一样，未来救援这方面一定需要专业的团队。同样，公益慈善事业未来要走专业化，比如比尔·盖茨扶持的 NGO 组织一定要具备艾滋病的起源、传播、治疗、关怀等知识。像 TNC 这样的组织，在全球 35 个国家有 4000 名员工，其中有 800 个顶级的科学家在做生态保护的各方面工作，不是因为这个地方有污水就来做，而一定要经过科学的分析，比如污水从哪里来、污水中的成份是什么、污水处理怎么完成，需要从生态的角度进行完整的分析，才能够实现一项工作。所以这是非常专业的工作，这是未来社会分工一个新的方向。

同时，我们在发展 NGO 的早期都有一个错误的印象，大家感觉 NGO 就是年轻人的一种志愿工作，其实 NGO 组织在美国是非常职业的工作。许多大学生就业的首选是到 NGO 非盈利组织中去，因为获得接触社会机会的范围会更广一些。若干年后，他们有可能在 NGO 中再寻找新的发展，或者再转换另一个职业。

在我加入 TNC 之前，我和 TNC 当时的首席生态保护官聊天，他说，他是美国的富四代、富五代，从小家里就把他的一切安排好了。他在常青藤学校读书，结果大学毕业后不知道自己要做什么，因为不需要他挣钱，也没有致富的目标，他父母就建议他到 TNC 做实习生。他在 TNC 实习之后觉得很有意思，就到 TNC 申请，希望能转成 TNC 的员工，但 TNC 的员工招聘有很严格的标准。告诉他可以做实习生，但实习期满就要回去，当有职位开放时再考虑聘请。他问如果希望早一点加入 TNC 怎么办呢？那就需要尽可能地参与一些项目，针对这些项目找一些资金，那就可以参与这个项目。他回纽约找到了父母的很多社会网络关系，介绍 TNC 在当地的项目，说他想参与这个项目，但是现在项目需要一定的资金支持。于是他的父母和朋友们就同意支持他，因为这也是一个公益的项目。后来，他在 TNC 做了 30 多年，最后做到了 TNC 首席生态保护官。

我最近刚刚与亚布力论坛的成员一起去华尔街，一起开会的都是金融机构。我自己还和美国一些顶尖的基金会一起开会，比如索罗斯家族、美国铝业基金会，不同的基金会关注的方向不一样，大家讨论的问题完全不一样。比如美国铝业，他们是全球最大的铝业集团，它所关注的是开采一些矿区时，尽可能将对周围环境的损害降低到最小。如果不得不有损害的时候，就一定要在生态环境保护设计方面从其他地方补偿回来。当他们考虑这些的时候，就需要参与项目的设计者。NGO 组织从最开始就介入其中，这一系列人事物的参与，同时说明了社会分工正在更加多元化。

我认为非常遗憾的是中国没有一个正式的院校对社会 NGO 事业管理进行培训。这也是为什么去年当 TNC 和 SEE 颁奖的时候，我们增加了一个项目，就是对中国 NGO 管理者进行培训，我们和美国印地安纳大学、北京大学、中山大学一起联合对中国 NGO 组织的领军人物进行培训。

但是，我最近非常高兴地听说，北京师范大学可能会设立中国第一个 NGO 的管理专业。这就与我刚才谈的 NGO 法的出台是一样的，当社会没有需求的时候，也没有这方面的考虑。2008 年四川大地震是中国 NGO 的元年，大量的 NGO 组织成立以后，社会上就有这样的需求。这是一个市场的规律，当有需求的时候，就一定会有为这个需求来服务的机构出现。所以我一点不怀疑在未来的几年中，中国有实力的大学或者是非常具备基础的教育机构会开展 NGO 管理专业的培训，NGO 管理和其他的企业管理有相同之处，事实上他的管理模式和我在爱立信的管理模式是相当相似的，所有的现代管理理念，无论是 360 测试、SWOT 分析、战略规划都是一样的。

慈善事业不是脉冲

中国有一个现象，比如哪个地方需要救灾了，有时候是政府直接从企业拿东西，就好像下达任务一样，规定了这家该捐多少、那家该捐多少，没有什么商量的余地。我认为这不可能持久。虽然现在因为政府有资源，要做捐赠工作时，一是跟企业打招呼，二是利用媒体资源号召企业，有些企业也需要救助行动来彰显一下自己，这都可以理解。但是慈善事业不是一个脉冲，它应该成为一个流水，像河流流水一样，天天都在流淌，这样才能持久，不能是脉冲，否则就变成应付自然灾害的短暂行为了。

更重要的是中国要出台 NGO 法和慈善法，这样使得所有企业可以将公益事业和慈善事业规划纳入到自己的企业中来，否则今天让企业捐 5 千万，明天捐 1 亿，那这个公司将来如何规划呢？如果这个公司是上市公司的话，它拿出来的钱是否经过股东同意了呢？比如前些时候 CCTV 对青海玉树的慈善晚会，曹德旺父子捐了一个多亿，但要特别说明是他们个人捐款，如果是他们上市公司捐款可能就要经董事会或股东会批准，所以这一系列的问题都会碰到法律的挑战。

我刚才举了美国的例子，所有的企业如果要做慈善事业，一定不是脑袋一拍就决定捐多少，这不可以。这一定是在整个企业财务规划中已经划拨了，或是已经有自己的基金会了，由基金会来进行支出的管理，然后汇报给公司的基金会管理团体、基金会的董事会，基金会也需要对董事会进行汇报。或是企业做财务规划的时候，一般早就对 CSR（企业社会责任）规划出来每年该拨多少钱，就像对研发事业的支持一样，这是一个持续的事情。

所以我不认为您说的那种捐赠模式可以持久下去，势在必行的就是尽可能地出台相应的 NGO 法和慈善法。

　　有人认为，对于中国来说，我们现在的企业是不是仍处于利润工具的状态，还没有发展到企业造社会的状态，我觉得企业肯定都有从小到大，从追求利润到追求价值这样一个方向的发展。在公司小的时候，企业成长阶段，不可否认，为了保证企业的生存，必须要获得相应的利益，这时候企业的社会责任更多地体现在稳定企业的发展，然后尽可能地招收更多的员工，为国家、社会做贡献。企业发展到一定程度以后，利润的最大化和价值最大化就要发生转化了。这时候就不是一味地追求利润，而是要考虑整个企业是社会的一部分，企业关注的整个目标也会有些调整。前几年大家都在讲企业交税就是企业最大社会责任，但是今天很少有人简单地这么说，他一定会把企业、社会、员工、股东都融为一体，形成完整的企业价值理念。

　　我认为这正好是 30 年开放走的路，我前天参加一个朋友公司 10 周年的庆典，他从创立公司到完成 300 亿的规模用了 10 年，再过 10 年呢？他已经定了目标再过 10 年达到千亿。当时，他还宣布了其他一系列指标来支撑这个千亿目标，比如：成为最有社会价值的企业、成为中国纳税最合乎规范的企业、成为员工最满意的企业、成为最环保绿色的企业，这一系列的指标列出来之后，也证明企业的价值观发生了变化。

环保已成共识

　　环境保护已经成为现在所有人的共识。自工业革命两百多年来，全球包括所有的政客第一次坐在一起谈论同样一个话题。过去是不同的阶层、不同的公司、不同的国家谈不同的话题，人类很少能够由于一个话题聚集在一起，这个话题就是气候变化和环境保护。原因很简单，如果我们不这么做，大家都没有未来，无论公司做大做小，未来的生存都是非常危险的。

如果我们出去看看，我们会随时都会看到而又都不愿意看到的环境破坏现象。事实上，我们已经天天感受气候变化对人类的惩罚。有人说，去年冬天大雪是气候变冷了，我的比喻很简单，人的正常体温是 37 度，37 度时没有任何问题，不会发烧，身体也不容易不舒服，人的体温只要上升一度，到 38 度的时候，头疼、骨头疼、浑身疼，有时候呕吐、拉肚子、打喷嚏这些症状就全都来了，地球今天就相当于处在 38 度的状态。如果人的体温到 39 度，就必须吃退烧药，到 40 度就得上医院了，到 41 度就可能过去了。地球现在就是 38 度，现在叫做地球极端气候，原因是什么？就是气候变化，地球变暖。

我每年都有机会到不同地方、不同国家的野外看崇山峻岭的原始状态，我每次走到有冰川的地方，就能够看到哪些是十年前的冰川痕迹，哪些是现在的。我的深刻体会是，冰川一直在缩短，而且缩短得非常厉害。

我去年组织一批企业朋友去丽江玉龙，我们在观看张艺谋的丽江·印象表演时，张艺谋设计丽江印象时，其中"天上人间"一场的背景是白雪皑皑的玉龙雪山，原住民、纳西族在雪山下表演，多好的场景！很可惜，当我们坐在那儿看演出的时候，没有白雪，有的只是灰色的岩石。而十年前，我第一次去丽江爬玉龙雪山时，是一幅白雪皑皑的景象，仅仅十年，白雪已经消失了。

去年我也到过中国最神圣一个雪山——梅里雪山。我听说了一个故事，1990 年中日联合登山队在梅里雪山全军覆没 17 个人，之后日本人在下面村子里设了一个收尸站，17 人当时全部被雪崩淹没了，一直等到冰川退缩，前两年才吐出了最后一具尸体。如果是气候变冷，冰川在延长，他们可能永远不会出来，但是由于气候变化，冰川缩小了，所以最后的尸体从冰川中流出来了，这个工作站才撤掉，前些年冰川中还流出了各种遗物。这是非常明显的气候变化，如果我们现在再不采取措施的话，我们的未来实在堪忧！那么，现在为什么说两度那么重要？因为全球气温变化那两度是生死线，相当于人的体温到 39 度、40 度之间的恐怖。如果到 40 度，已经烧昏了，必须去医院打针了，人可以打针吃药，地球哪有针可以打？我们没有针治地球，地球如果到了那个状态就彻底完了。地球完了，人类还会有活路吗？

今天的气候变化是全社会、全地球、各民族共同面临的话题，没有一个民族和一个人可能独善其身。

节能减排对中国企业发展是契机

《京都议定书》只是整个人类应对气候变化第一个步骤。《京都议定书》首次定出了发达国家和不发达国家承诺的一些条件，当时是美国克林顿政府承诺的，但是美国国会没有批，小布什政府就不签字了。但是现在已经比《京都议定书》更前进了一步，所有的国家都要拿出自己的减排计划。哥本哈根会议大家讨论的问题是三个原则——可测量、可报告、可核查三原则，有的国家接受，有的不接受。中国是宣布自愿减排，所以不接受三个核查的原则。但是我认为中国政府宣布的目标已经非常地令人激动了，因为一方面，中国目前仍是发展中国家，不像德国。德国政府宣布的节能减排计划最大胆、走在最前沿，他们是 80％ 的减排，而且是绝对的减排量。德国政府一宣布这样的目标，我们就发现，他们已培养出了一大批有挑战性、前瞻性的企业，所以德国现在的绿色建筑、城市建筑很明显一下子走到了世界的最前列。现在全世界考察绿色建筑、绿色城镇时，都会到德国看。

十几年前，我那时候在爱立信工作，经常去瑞典开会，从北京飞哥本哈根，从哥本哈根转机去斯德哥尔摩。有一天飞机落地时，我突然看到哥本哈根机场边上的海边建了风力发电，我当时觉得哥本哈根市政府美化海滩，在这儿弄了几个风力发电的东西挺好看的。但十几年后，我们看到，全球风力发电的领先者是谁？是丹麦。丹麦的企业在这个领域，已成为世界级领先企业。

如果我国在绿色经济领域领先后，国家政策是会培养出一大批先进的企业，而这种政策扶持，先行的企业一定会具有国际竞争力。所以现在应对气候变化和绿色减排是培育中国企业的一个最好时机。因为欧美国家有二次工业革命留下重大负担，我们当然也有负担，但是我们的负担不一样。

所以，这次我们在纽约参加联合论坛时，在我们那个组讨论的是 IT 和新能源，我就谈到了他们最想了解的中国在绿色科技方面的发展，我说中国一定会在电动汽车、低排放汽车和新能源汽车领域成为世界上的主要生产国，甚至是领先者。我的例子很简单，除了像比亚迪这样的中国企业已经成长之外，中国政府在电动汽车的推广上，政府的意志非常强烈。去年政府宣布的许多事情，最近已经开始实行了。两会期间，财政部和工信部曾表示，对个人购买新能源汽车将实行购置补贴，电动汽车的个人购买者获得的最高补贴可达 6 万人民币，充电桩的建立者也将得到相应的建设成本补贴。我看到北京已经宣布在今年内至少建设 120 处充电桩。我当时说出这些数字之后，美国人都楞了，因为美国政府到现在还没有出台对于新能源汽车、电动汽车如此大的补偿措施。美国人甚至不相信我的话，会议之后，有好几个投行的老板给我发电邮，问可否给他们一些论据，问我的观点是否有事实支撑，我就把发改委宣布的政策发过去了，我相信他们一定会拿这个向美国政府游说，因此中国在电动汽车领域是非常具备领先机会的。

另外还有一个领域，我们完全有机会走在前面，TNC 也参与了其中很多环节，就是中国政府 2009 年宣布的节能减排措施有两条与森林有关，一条是在 2020 年我们要增加森林面积 4700 多万公顷，另一条要增加森林的容积率 16.3 亿立方米，这是两个具体的指标。森林增多了，自然对碳的吸收就更多了，这样，我们很可能成为全球很大的 CDM 碳排放交易的市场，从而培养出一大批与森林相关的事业。

比如，我们现在和诺华公司签的战略协议，把诺华公司全球所有的碳排放计算出来，用在中国恢复森林、恢复林带，以补偿诺华在全球的碳排放，这是一个五年的长期项目，总值大约将做到 1100 多万欧元。项目将由诺华出资，通过我们支持在中国植树的 NGO、恢复森林的 NGO 组织，还包括分工企业、保护区组织。这是一个巨大的商业机会，所以最近我们看到中国各省已经纷纷非常积极地行动了：北京已经成立了环境交易所，环境资源可以进行交易了；天津成立了气候排放交易所，碳排放可以交易了；河北、云南、四川、上海都在成立相应的组织，所以我们看到另一个交易市场正在形成，这又催生了一大批企业。围绕着股票证券我们可以创造出世界上一个巨大的行业，围绕着碳排放和碳补偿，一个巨大的交易市场也正在形成，我们需要的是一批新的企业理念管理者，需要一批新型的企业为之服务，这些东西都在逐步形成。

社会面临"水安全"挑战

中国面临的下一个全社会的挑战，甚至可以称之为中国的国家挑战就是淡水。我们非常难过地看到，今天中国 80％的河流都已经被污染了，中国的水安全已经成为中国社会经济发展中最不安全的因素。我们看到各地发生一些自然灾害时会非常痛心，这次玉树地震的死亡人数是两千多人。而中国由于水污染造成的疾病而死亡的人数可能每天也约近两千人，相当于中国每天都在无形之中发生着"玉树地震"。而中国食品安全中的最上层环节是"水"，每个人对食品安全都非常担心，如果没有水安全，食品不可能安全的，无论是成品还是农作物，水不安全，什么都不安全。

美国在工业革命发生以后，尤其是二战之后，工业恢复高速发展，曾经经历了和中国一样的过程。美国的河流在 20 世纪 40 年代之后大部分污染，到 60 年代前，美国有一段时间大量使用 DDT（一种杀虫剂），以消灭病虫害，增加农作物产量，但是 DDT 残留时间非常长，这是一种剧毒的农药。一个美国的海洋生物学家发现过去自己的院子前后，在春天能够听到鸟叫，看到松鼠等各种动物，但是突然有一年她发现春天什么也听不到了，于是她做了大量的调查，在 1962 年完成了她的一本作品《寂静的春天》。这给美国社会敲响了警钟，由于农药的滥用，美国的整个环境受到了巨大的损害，她的发现与我们现在看到的状态一样，有的孩子生出来就是畸形了，出现了三只眼睛的蛤蟆，四只眼睛的鱼。当这本书完成后，当时美国的化工企业、农药企业、国会都说她是胡说八道，但是这本书成了美国环境运动的启蒙教育，1972 年，美国全面取缔 DDT。美国人到现在也基本上不食用河中的鱼，所以在美国出差很少可以看到有河流中淡水鱼卖，在保护环境很好的湖泊里面有鱼，但是美国人不大吃淡水鱼，为什么？当年污染的排放物还在污泥之中，船舶或者其他物体经过后，搅起来了泥水来，就被鱼吃掉了，污染的残留物含量非常高。现在中国的河水已经基本被污染完了，我现在不大敢吃中国的河鱼，一定不能随便吃，非常恐怖。

　　还有一桩更恐怖的事件，有一个斯洛文尼亚的游泳家，叫马丁·斯特里尔。他立愿要游完全球主要的河流，他已经游过了密西西比河、莱茵河、亚马逊河，后来到中国来游长江。但很不幸的是，他游了一半被拉上来了，身体生病了，皮肤溃烂了，因为长江污染太严重。亚马逊河中有大量的泥沙，游完身体没有太大问题，莱茵河非常清澈没有问题，密西西比河没有问题，但是他在长江游了一半时被拉上来进行抢救。他的意志非常坚定，休息了一段时间后仍然下水继续游完。他的总结就是全球的河流中长江的污染最严重！

　　我前天从成都坐朋友的私人飞机去上海，私人飞机走的路线和航线不一样，我们沿着长江飞到上海。我第一次这么直观地看到浦江和长江在崇明岛的交汇处，所有人在飞机上往下看的时候都很震惊，长江流过来是黄色的水，浦江流出来是黑色的水，形成一幅很明显的图画——黑的河水和黄的河水在那交汇。世博会已经开幕了，也许在世博园所处的河段里看不出什么，但是一到浦江入海口你就会发现全是黑色的水。

　　我们每天都能看到街上，有无数的小车推着罐装水，这是多大的社会成本！如果我们的社会能够对中国的水源地进行更好地保护，这些成本完全可以省去。在北京，由于奥运会的原因，我们把密云水库周围所有的养殖场、工厂全部干掉了，密云水库四五十公里的范畴之内没有任何养殖场。北京市政府补偿那一带的农民，保住了密云水库。当然北京水的另一个问题就是管线非常老化，并不能保证水很安全，所以大家还是会去喝罐装水。

　　其实，最简单的解决方式就是国家要关注水源地的安全。我今年到美国科罗拉多州，参加 TNC 在这个州的理事会，丹佛市市长谈的问题是，我们与当地组织一起合作把丹佛市的水保持非常清澈，丹佛的河流任何一段的水拿出来就可以直接饮用。现在经济危机了，说有没有可能把水的饮用标准放低一点，这样可以减少许多对水的投入。当然，老百姓是不会同意的。他们那里说的是水的标准太高了、太清澈了，是否可以适当降低一点标准。而我们现在谈的是水基本不可以饮用了，这是我们面临的很大挑战。

中国的水是从哪儿来的？是从西南西北。中国特别有意思，经济发展是从东部向西部拓展，可是中国的水都是从西部往东部流，一江春水向东流。可是现在我们东部企业发展了之后，要进行产业转型，想把落后的高污染企业转到西部去。我一听到这条消息，我就觉得触目惊心。现在我们所谓的80％河流污染，西部由于自身的工业发展路径还多少保留一点青山绿水，但只要把东部的落后产业往西部迁移，中国的环境就彻底地完了，没有任何出路了。所以我最近在许多的论坛上呼吁，在去年亚布力论坛参与的贵阳绿色生态文明论坛上，我甚至毫不客气地讲，现在每个政府官员都要背的第一个任务就是维稳，但是中国的群体事件现在最容易发生的领域一是拆迁，第二个是环保。也许老百姓对其他政治事件引发的群体事件还不敢参与，但是中国现在为环保而发生群体事件，为拆迁而发生群体事件是最主要的两大因素。去年发生好几个省市的血铅事件，上千的家属把一些污染企业包围了，那些污染企业都是从哪儿来的？是在别的地方不能经营了，又被当地政府引资引过去的，表面上GDP增长了，但是一下子把周围的环境破坏了。一系列的事件，比如陕西凤翔的血铅事件，湖南邵阳的血铅事件。所以我对当地官员讲了一句话，虽然你们都有招商引资的追求，但是今天一旦引入一家污染企业，不但对不起中华民族，有可能您的乌纱不保，因为一旦当地的老百姓受害了以后，一定会引发群体事件。今天的形势与过去不一样，所以现在地方政府进行招商引资时，一定要搞清楚，引进来到底是"天使"还是"魔鬼"。因为贵阳办的是绿色生态文明论坛，所以许多的政府官员已经有这些意识了，不能够学东部过去的发展路径，必须走绿色增长的路径，这些都是很好的新觉醒。

有人认为，环境保护和我们现在的发展经济是矛盾的，我认为不矛盾。最近我刚刚在成都参加了中国绿色公司年会，成都市委书记李春城提出把成都打造成中国现代田园城市。在成都的论坛上，我举一个例子，现在大家都说一些城市在收房地产高消费税，其实这是一个打压城市发展的措施。但是我们反过头来想，这种打压措施，能否设想改用为一种激励措施？比如，对一个城市的房地产商，不是多收税，而是收取一定比例的钱，成立环境保护基金，这些钱用于保护房子周围的生态环境，这样的话，房子周围都是青山绿水，买房人的房子也肯定会升值，开发商的房子也好卖。老百姓高兴的是什么？今天买了房子，哪怕是 1000 块，明天升值到了 2000 块，他就越来越高兴。房子周边有青山绿水，可以标一个好价钱卖出去，哪怕多交政府一点基金，这个基金还可以长期运作下去，而不像税收一下子收走了，也没有为房产增值。

所以，事实上我们认为投资自然是一种新的趋势，是可以给你带来回报的，甚至是很大的回报。从税收变成对环境保护的基金，这样买方、卖方都高兴，这是一个激励机制。在中国社会，我们应该更多用激励机制。

中国是一个生产大国，我们要对食品安全、产品安全、物品安全进行监控，物联网是最好的方法。物联网一定是互联网与现在物理社会的结合，实际上物联网需要一个很大的互联网下一代技术的支撑，就是 IPv6，现在我们是 IPv4 的时代。在 IPv4 时代，我们的 IP 地址资源正在枯竭，将来每一个物质点都要授予一个新的 IP 地址，这首先要用 IPv6 来实现。当然 IPv6 已经呼之欲出，必将成型。

物联网给我们带来的好处，社会所有的物体和所有的物质形态，我们都可以给它一个互联网的模式，然后通过互联网与它进行交流，这是物体和物体之间。我们原来一直讲，下一代互联网除了人与物、物与人的联系，还会出现物与物的新机会，我个人对此非常认可。

当然，物联网的发展也要有一个过程，我预计在未来的三到五年中，物联网的初步应用雏形即将出现。这就像我们 1997 年谈互联网的商业模式一样，1997 年谈互联网的商业模式大家都只是说门户，但是做了门户以后，我们发现互联网还可以不断地细分，现在互联网仍在继续发展。物联网的现状就像我们当年看互联网一样，大家都在说，物流是物联网的模式之一，也许下一步 RFID（无线射频识别技术）、物流可以进行最好的结合。也许还可以应用在另外的领域，比如我现在的生态保护领域，可以用到物联网的一些理念。

我们在云南有滇金丝猴保护区，我们现在有大量的人在那儿巡查、记录、观测。现在我们完全可以用红外相机，GPS（全球定位系统）定位，GPRS（通用分组无线业务）传播，用互联网监控，一个金丝猴家族通常是一个猴王带着四五十只或五六十只猴子形成一个自己的活动半径，我们只需在周围进行监控就可以了。熊猫、东北虎等动物的保护也可以用物联网。

最近我们也在探讨把这种新的技术手段用于生态环境保护，比如说中国的淮河治理，十几年来，国家投了几百亿的资金，一点成效也没有见到，淮河仍然是一团脏水，就不敢再投了。最后许多人说，其实原因很简单，当地的不法企业主知道白天不让排放污水了，自己在工厂内修了污水池，先把污水储存，到河水上涨的时候再把污水排出来。这如何用人来监控呢？那我们完全可以把这些监控手段用互联网模式、物联网的雏形模式来做，用 GPS 定位、红外监控，只要一排放污水就立刻能检测到，人赃物俱获，然后再采取行动。

信仰是我们精神层面的更大挑战

1990 年，我离开国营企业，在进入跨国企业之前的一个阶段，大概有七八个月的时间，那是我人生最焦虑的时间。当时因为在 80 年代中期的时候，我成为改革开放的得益者，当然现在我也是改革开放的得益者。

我当时是作为培养第三梯队部委机关的一个后备力量，突然由于天安门事件受到了影响，从非常红火的第一线被迫退下来，站在一边，那时候不知道自己未来怎么发展，有七八个月的时间处于不断对自己的审查、检讨阶段。

在每周进行思想反省的时候，非常焦虑，不知道下一步是什么样的。而且，在1984年之前，我曾经想出国留学，那个时候也申请了一些学校，也考过托福。在1989年的时候也不可能出国了，因为还在审查阶段，护照也不可能申请了。但是五年前的旧事，不知道哪些人帮了忙，我到现在也不清楚，我突然收到了两个学校的录取函，一个是多伦多大学，一个是南加州大学，还是全额奖学金，我自己也很莫名其妙。但是那个特殊阶段我也没有可能拿到护照。

当时特别地茫然，也特别地焦虑，出国走不了，上学不可能，工作没法继续，不知道下一步做什么。那时在一个周末陪一个老外上了武当山，在那儿抽了一个签——人在绝望的时候一定会崇拜一些东西，比如神的力量。道士给我讲签语，那是一首诗，别的我忘了，只记得最后一句是"雨过天晴太阳出"，道士说你现在碰到的问题一定会过去的。他也不知道我遇到什么问题，就对我说：你还年轻，一定有前途。我听完之后特别开心，然后下定决心：去他的，老子走了。

但是那个时候还走不了，因为处于被审理阶段，当宣布对我的审理结束，在解脱的第二天我就交了辞职信。当时从国家机关辞职是非常困难的，因为没有接收单位，必须回到街道办理相关手续。所以领导找我谈话，我的业务领导对我还是非常支持的，他说：你是处级干部，咱们单位马上分房子了，处级干部是三室一厅，你现在走的话太可惜了，起码等到把房子分了以后再走。我跟领导说，我这几个月每天晚上实在睡不着觉，我的精神已经受不了了，如果我做的这个决定，将来混不出一套三室一厅的房子我一定不回来见你。领导说：好，你自己做的决定，我一定支持你！第二天他就签字批准了。当我从邮电部把自己的档案转到北京市，北京市把我的档案转到中关村，中关村把我的档案放到中关村街道的时候，我开始和街道的老头老太太坐在木板房里，每周四下午进行政治学习。和老头老太太一起坐在那儿的时候，我说我的人生又开始了。

那8个月的时间是我当时最迷惘、最焦虑的一段时间，因为所有的路都不知道怎么走，甚至似乎是无路可走。人到绝路的时候，当把自己彻底打掉，到了社会最底层，那个时候什么都没有，拿着档案关系到街道，你就是一个下岗人员，那时也不叫下岗，就是街道接收的一个失业人员，你怎么办呢？只能从头开始。

我当时去爱立信也是基于两方面的原因。第一，我无路可走——出国护照拿不到，政治审批肯定过不了关。我自己从机关里面退出来了，那时候还没有自己创业的决心。由于自己有一点天然优势，在部委机关时负责国际合作，许多跨国公司与我都很熟悉。跨国公司的一些领导也知道我的处境，就向我伸出橄榄枝。我自己做了一个分析：89年风波之后，中国到底会怎么样？我不认为改革开放会停止，因为已经不可能停下来了。第二，跨国公司在中国已经布局了，这时候请我过去不是做一般的工作，而是作为公司发展的参与者，他们会给我讲在中国的战略布局。所以，我衡量一下，觉得这是很好的机会。过去我从1985年到1990年的四五年时间里经常在国际上跑来跑去，我也非常相信跨国公司的发展和未来前景，这是我当时做决定的底气。

对于这个决定，当时我们家也是反对的，因为我家那时候十来个人在一起吃饭，清一色的共产党员。一听说我要去跨国公司，我妈的第一反应是那是资本家，你怎么给资本家干活了？我后来解释了半天也不通，他们就实在不能理解，怎么能去给老外打工。

当然，首先，时间能够证明。其次，跨国公司在中国的发展，使家人最后也能够放心我去做。再次，跨国公司的收入和条件使他们看到了巨大的差别。所以当我 1992 年买了自己第一套住房，四室两厅，我请我们的前领导去做客。我对他说：你放心了吗？我已经完成了当年处级干部的任务。他说：你这不是处级，你这已经超处级了。

我对所有的宗教都有着天然的崇拜，我觉得宗教有存在的价值。今天的中国社会，最恐怖的就是没有共同的信仰。我们现在真的要反思我们社会的价值观、信仰、追求，有哪些还能成为社会民族的共性。我们中华民族共同追求的价值观到底是什么？还有没有？

所以，最近国学热，我上周也有机会坐下来静心听听，学习了《道德经》。《道德经》是给帝王将相统治国家时使用的，我真是从中悟出了许多东西。我现在也在看一些宗教方面的书籍，包括基督教的、天主教的、道教的、佛教的，希望能从中获得一些新的价值支持。

刚才说过我们环境最大的挑战是水，这是中国社会的共同挑战；而我们精神层面更大的挑战是我们的信仰。

生态保护需各方参与

我认为自己转身从事环境生态保护的行业是有契机的。我当年在爱立信时发起了藏羚羊保护的活动，所以你看我办公室到处是藏羚羊的雕塑。发起了以后，最初是很孤独地在爱立信自己做，第二年招来了一些中国企业做，包括陈东升、王中军、田溯宁、王维嘉，大概有 20 多家企业一起做。在 2002 年 7 月份，我组织大家一起去可可西里。当时拉萨铁路正在修，还没有修通，我们从西宁出发一直到拉萨，走了七八天，每天大家在一起。那个时候手机信号没有这么好，许多地方不通信号，大家与外界没有什么接触。只是观看壮丽的河山，同时看到我们保护工作的一些初步成就。这期间，最重要的一个收获是，大家能够在一起交流。2002 年时，已经是改革开放 20 多年了，许多人做企业做了很多年，那是大家思想互相交流最深刻的七八天。由于高原反应，大家晚上睡不着觉，加上在山上冰雹、雨雪等各种天气都出现了，我们领略到大自然的雄伟和残酷，同时也成了特别好的朋友。

我现在是半退休状态。我原定计划是 50 岁退休，后来发现退休后太闲了。虽然高尔夫的技术大有提高，滑雪的本事也大有提高，但是太闲了。虽然也做一些投资，但投资也只是股权投资，并不参与公司的日常经营管理。

现在人的身体又太好了，可以正好进入半退休状态，一方面可以从事一些公益事业，另一方面也有机会和自然做亲密地接触。我想可能全退休的话，还得再过一段较长的时间吧。

（改编自《亚布力观点》2010 年 5 月刊）

后记

中国企业家论坛定位为中国企业家的思想交流平台。让思想在更高、更广的层面流通与传播，也是我们策划《让企业有思想》系列丛书的意义和目的所在。本书作为《让企业有思想》系列之三，上述精神也始终贯穿于编写过程中。

1992 年，邓小平发表南方谈话，"十四大"确立建立中国特色社会主义市场经济体制的目标，市场经济已在中国走过 20 个年头。在取得了众多成就的同时，也有许多值得我们反思和总结的经验教训。在这个具有纪念意义的时间节点，我们对社会主义市场经济的代表之一——民营企业家的思想进行系统呈现，也算正当其时。

中国的企业家大都具有家国情怀，以及浓厚的社会责任感，企业家创业、守业的经历对于社会是一笔宝贵的精神财富。他们对社会、经济发展、进步的看法与感悟，对于后来者意义颇大。企业家的不同经历对于指导具体创业是否效果明显，我们不得而知，但至少可以从前人的失败经验中规避类似错误。

在此，我们感谢中国企业家论坛主席田源先生于百忙之中为本书作序，同时也感谢王巍、艾路明、陈琦伟、丁健、丁立国、吴鹰、武克钢、苗鸿冰、王晓龙、李东生、徐风云、雷军、张醒生等多位企业家，愿意将自己的感悟分享给大家，他们带有自己独特视角的世界观让大家受益良多。

同时，我们仍要特别感谢芙蓉王文化给予我们的大力支持。芙蓉王文化积极履行企业社会责任，始终坚持热心参与各种文化事业，并以促进社会发展为己任，而通过多年的持续努力，芙蓉王在业界也成功树立起了负责任的社会企业形象。

当市场经济发展迎来新的发展周期时，我们有理由期待未来的市场经济制度会越来越成熟，越来越完善，而作为市场经济的主体之一，民营经济亦将迎来发展的新时期。

编者

2012 年 9 月